Luise Holthausen
Maren Briswalter

Die Kölner Geschichtsdetektive

Bibliografische Information Der Deutschen Bibliothek
Die Deutsche Bibliothek verzeichnet diese Publikation
in der Deutschen Nationalbibliografie;
detaillierte bibliografische Daten sind im Internet
über http://dnb.ddb.de abrufbar.

© 2020 Marzellen Verlag GmbH, 2. Auflage
Umschlagillustration: Maren Briswalter
Umschlaggestaltung: Annette Liese, Dortmund
Satz/Layout: Annette Liese, Dortmund
Lektorat: Ingrid Schindler, Köln
Gesamtherstellung: Ingrid Schindler, Köln
Druck: Buch Theiss GmbH, Österreich
Alle Rechte vorbehalten.
Printed in Austria
ISBN 978-3-937795-08-9

Die Kölner Geschichtsdetektive

(vormals: Die Kölner Zeitdetektive)

Geheimnisvolle Spuren im Dom

Von

Luise Holthausen

Mit Illustrationen von

Maren Briswalter

marzellen
verlag köln

Für Guido

Besuch

Die Rollen von Marlons Skateboard klapperten durch die Sommerhitze. Klack, klack, klack. Sonst herrschte eine fast geisterhafte Stille. Sogar die Touristen rund um die Domplatte waren zu faul, um auf die Auslöser ihrer Kameras zu drücken, und die Tauben hockten im Schatten der Dommauern und wollten kein Körnchen picken.

Auch Valerie lehnte reglos im Schatten und schaute träge ihrem Bruder zu. Wie man sich auf so ein Wackelbrett stellen konnte, ging ihr nicht in den Kopf. Bei dieser Hitze schon gar nicht. Da gab es doch viel schönere Dinge, die man machen konnte. In einer Hängematte schaukeln. Auf einer Luftmatratze im Wasser treiben. Eine eisgekühlte Cola schlürfen ... Aber Jungs tickten halt anders als Mädchen – und ganz bestimmt tickte Marlon anders als Valerie. Blaue Flecken, blutige Knie, eisiger Wind, Regen oder die glühende Sonne – nichts konnte ihn davon abhalten, auf seinem Skateboard zu stehen und Sprünge zu üben.

Normalerweise interessierte es Valerie wenig, womit Marlon sich die Zeit vertrieb. Wenn er sie zu sehr nervte, konnte sie sich immer zu ihrer Freundin Anna verziehen, die im Nachbarhaus wohnte. Aber es waren Ferien und

Anna im Urlaub, wie überhaupt alle Kölner im Urlaub zu sein schienen. Alle, bis auf Marlons und Valeries Familie. Klack, klack. Es war ein einschläferndes Geräusch. Valerie fielen die Augen zu. Klack, klack, klack ...»Aua!« Valerie blinzelte mit einem Auge. Ein Sprung war wohl daneben gegangen. Das Skateboard lag auf seiner Kante, Marlon hatte sich aber schon wieder hochgerappelt und rieb sich das Schienbein.»Guck doch nicht so doof!«, rief er zu seiner Schwester hinüber. Als Antwort streckte sie ihm die Zunge raus. Marlon stieß mit dem Fuß das Skateboard wieder in Position. Diesen Sprung würde er nie hinbekommen. Kein Wunder, so wie Valerie ihn ständig anstarrte. Womit hatte er es bloß verdient, eine Zwillingsschwester zu haben? Sein Freund Jakob stöhnte auch immer über seine große Schwester, aber der hatte ja keine Ahnung, dass es noch schlimmer sein konnte. Eine Zwillingsschwester war sozusagen die Steigerung einer Schwester!

Marlon knirschte mit den Zähnen. Er würde einfach so tun, als sei er allein auf dem Platz. Als sei Valerie nichts als heiße Luft. Oder ein Gespenst. Bei diesem Gedanken musste Marlon selber lachen. Wer glaubte denn schon an Gespenster! Höchstens schreckhafte kleine Mädchen. Er gab dem Skateboard einen Kick und sprang mit beiden Füßen auf. In halsbrecherischer Geschwindigkeit donnerte er über den Roncalliplatz. Gleich kam der Sprung. Diesmal würde er ihn schaffen, ganz bestimmt. Er duckte sich zusammen. Jetzt. Er flog hoch, er drehte sich, er ...

»Stopp!«, dröhnte eine Stimme unmittelbar neben ihm. Marlon riss es von den Füßen. Er drehte sich um die eigene

Achse und dann knallte er mit voller Wucht auf den Boden. Diesmal war es nicht das Schienbein, sondern sein Allerwertester, der »Aua« schrie.

»Fahr gefälligst woanders mit deinem Brett, nicht vor dem Dom«, herrschte die Stimme ihn an. Marlon schaute nach oben, direkt in ein Paar kalte graue Augen. Ihn schauderte plötzlich, trotz der Hitze. Solche Augen hatte er noch nie gesehen. Sie schienen gar nicht richtig lebendig zu sein. Bevor Marlon etwas antworten konnte, war der Mann schon weitergegangen. Von hinten sah er völlig normal aus, wie jeder andere Meckerfritze auch.

»Ist alles okay?« Valerie war neben ihm aufgetaucht, mit einem Mal wirkte sie hellwach. Wenn jemand ihrem Bruder was wollte, konnte sie stinksauer werden. Auf dieser Welt gab es nur einen Menschen, der ihm schräg daherkommen durfte, und das war sie selbst.

»Dieser Typ da hinten hat mich mitten im Sprung gestoppt – das darf ja wohl nicht wahr sein!«, schnaubte Marlon.

»Du wärst doch sowieso hingeknallt«, sagte Valerie. Und bevor Marlon ihr eine wütende Antwort um die Ohren hauen konnte, fügte sie schnell hinzu: »Außerdem müssen wir jetzt los und Sylvie vom Bahnhof abholen. Mama hat gesagt, sie kommt um viertel nach vier an.«

Marlon stöhnte. Das hatte er völlig vergessen. Oder verdrängt. Die Cousine hatte sie schon ein paar Mal übers Wochenende heimgesucht, und das Beste an diesen Besuchen war immer Sylvies Abreise gewesen. Diesmal würde die Abreise aber auf sich warten lassen, denn Sylvie sollte eine ganze Woche bei ihnen verbringen.

8

Er schulterte sein Skateboard und folgte Valerie. Zum Bahnhof war es nur ein Katzensprung, vom Roncalliplatz aus einmal um den Dom herum und die große Treppe hinunter. Er war so nah, dass es Marlon manchmal vorkam, als würden die Züge direkt in den Dom hineinrauschen. Sylvies Zug sollte auf Gleis 8 ankommen. Das zu finden war leicht für die Zwillinge, sie waren schon oft hier gewesen. Um den Dom herum kannten sie sich fast schon wie im Schlaf aus, denn ihre Eltern arbeiteten beide hier, der Vater als Steinmetz in der Dombauhütte, die Mutter im Domladen und Turmkiosk.

Sie kamen gerade auf dem Bahnsteig an, als der ICE aus Frankfurt einfuhr. Die Türen öffneten sich mit einem Zischen und eine kleine Gestalt erschien. »Da ist sie!«, rief Valerie. Die kleine Gestalt entstieg dem Zug mit vorsichtigen, gezierten Trippelschritten. Seltsamerweise trug sie trotz der Hitze ein Halstuch um die Schultern geschlungen.

»Will die sich für den Rest ihres Lebens bei uns einnisten, oder wie?«, sagte Marlon mit Blick auf den Koffer, den Sylvie hinter sich herzerrte. Er war fast so groß wie sie selbst und flammend rot.

Valerie stieß ihm den Ellbogen in die Seite. »Mama hat gesagt, wir sollen nett zu ihr sein.« Aber sie grinste bei diesen Worten. Dann stieß sie einen Schrei aus: »Oh, wie süß!« Unter Sylvies Halstuch war ein weißes Näschen mit winzigen Barthaaren zum Vorschein gekommen.

»Das ist Minimaus«, stellte Sylvie stolz vor. »Marlon, kannst du mir bei meinem Koffer helfen? Er ist so schwer.« Ohne eine Antwort abzuwarten, ließ sie den Griff des Koffers los und trippelte mit Valerie weiter.

Minimaus! Sollte dieser Name ein Witz sein? Und dass Sylvie meinte, er sei ihr Kofferträger, ging nun doch ein bisschen zu weit. Am liebsten hätte Marlon das Riesenteil einfach auf dem Bahnsteig stehen gelassen. Aber vielleicht würde Sylvie das nachher gleich seiner Mutter petzen, und die machte ihm dann bestimmt die Hölle heiß, von wegen, er sei ein schlechter »Kavalier« oder so. Darauf hatte er keine Lust. Also klemmte er sich das Skateboard unter den linken Arm, packte mit rechts den Koffergriff und schnaufte aus dem Bahnhof, immer hinter Sylvie und Valerie her. Zum ersten Mal an diesem Tag war er dankbar, dass alle seine Freunde im Urlaub waren und niemand ihn mit diesem scheußlich roten Ungetüm sehen konnte.

Die Vier im Dom

Sylvie steuerte zielstrebig zum Haupteingang an der Westfassade des Doms. Es war erstaunlich, wie schnell sie mit ihren Trippelschritten sein konnte. Valerie kam kaum mit. Als sie durch das gewaltige Petersportal in den kühlen Innenraum schlüpfen wollten, tauchte wie aus dem Nichts ein Mann auf und versperrte ihnen den Weg. »Kein Zutritt für Kinder ohne Aufsichtspersonen«, sagte er unfreundlich.

»Davon steht hier nichts«, widersprach Valerie, »außerdem ist eine Kirche für alle da, auch für Kinder – und auch ohne Aufpasser!«

»Kinder machen nur Lärm und Unsinn«, sagte der Mann, »also verschwindet.«

Marlon kam mit seinem Skateboard und dem Koffer angekeucht. Als er dem Mann, der sich da so breit vor der Tür aufgebaut hatte, in die Augen sah, durchfuhr ihn erneut ein Schauder: Da war wieder dieser tote graue Blick! Er hatte ihn vorhin schon einmal gesehen. Die Augen gehörten doch diesem Meckerfritzen, der ihn erst vorhin so angefahren hatte, diesem blöden Typen, der dafür gesorgt hatte, dass er hingeflogen war. Er war immer noch stinksauer deswegen!

»Wir dürfen hier rein«, sagte Marlon. Er ärgerte sich, dass seine Stimme nicht männlich stark und fest, sondern ziemlich dünn und schwächlich klang. »Der Küster kennt uns. Herr Schröder.«

»Ich bin hier der Küster.« Der Mann rührte sich keinen Millimeter vom Fleck. »Herr Schröder ist im Urlaub. Und jetzt schert euch endlich weg, sonst werde ich ungemütlich.«

Ungemütlich?, dachte Marlon. Noch ungemütlicher?

Valerie sprang ihm zu Hilfe. »Unsere Eltern arbeiten hier. Unsere Mutter steht gerade an der Kasse im Domkiosk und verkauft Karten für die Turmbesichtigung. Sie hat gleich Feierabend und wir wollen auf sie warten. Sie können sie ja fragen.«

Der Küster zögerte einen Moment, dann trat er widerwillig einen Schritt zur Seite. Rasch schlüpften die Kinder an ihm vorbei in den Dom. Marlon vermied es, ihm dabei noch einmal in die toten Augen zu sehen. »Ein fieser Typ«, murmelte er. »Der führt sich auf wie ein Gefängniswärter.«

»Ja, Herr Schröder ist viel netter«, stimmte Valerie zu. »Hoffentlich kommt er bald aus dem Urlaub zurück.«

Frau Wagner, die Mutter von Marlon und Valerie, saß im Kiosk am Eingang des Südturms, dort wo es zum Glockenturm hinaufging, hinter der Kasse. Sie verkaufte Eintrittskarten für die Besichtigung des Glockenturms, Bücher über den Dom und Poster. Als sie die Kinder sah, lachte sie freundlich, kam hinter ihrer Kasse hervor und begrüßte Sylvie mit einem Händedruck: »Herzlich willkommen bei uns, Sylvie. Ich bin in einer halben Stunde hier fertig, dann können wir nach Hause gehen. Spielt doch solange noch ein bisschen draußen.«

»Nein, danke«, antwortete Sylvie theatralisch und fächelte sich Luft zu. »Da draußen ist es viel zu heiß. Außerdem muss ich mich nach der Zugfahrt erst einmal erholen.« Sie sprach, als habe sie eine Tagesreise hinter sich, dabei brauchte sie mit dem superschnellen ICE von Frankfurt gerade mal eine gute Stunde nach Köln.

»Dann setzt euch auf eine Kirchenbank und wartet auf mich«, sagte die Mutter. »Aber seid leise! Und das Skateboard bleibt hier, Marlon.«

Marlon verdrehte die Augen. Diesen Spruch hätte sie sich wirklich sparen können! Auch ohne die Ermahnung wäre er nicht auf die Idee gekommen, im Dom mit dem Skateboard herumzukurven oder zu kreischen. In einer Kirche benahm man sich gesittet und ordentlich, »respektvoll«, wie sein Vater immer sagte. Daran hielt er sich, auch wenn es ihn gereizt hätte, seiner komischen Cousine und ihrem Mäuschen einen kleinen Streich zu spielen.

Die komische Cousine war bereits im Kirchenschiff verschwunden und sank nun mit einem Stöhnen auf die nächste Kirchenbank. Minimaus streckte erst ihr Näschen unter dem Halstuch hervor, dann den Kopf, schließlich krabbelte sie ganz heraus. Einen Moment schnupperte sie aufmerksam in die kühle Kirchenluft, dann flitzte sie plötzlich los, über Sylvies Arm herunter auf die Kirchenbank. Dort saß sie mit zitternden Barthaaren und äugte in die Gegend.

»Fang mal lieber deine Maus ein«, sagte Marlon. Eine Maus im Dom war sicher nicht das, was sein Vater unter »respektvollem Benehmen« verstand.

Aber Sylvie kicherte nur. »Minimaus ist eben eine Kirchenmaus.« Das fand sie wohl ungeheuer lustig, denn sie

machte keine Anstalten, die Maus einzufangen, die nun auf das andere Ende der Kirchenbank zukrabbelte. Vor lauter Begeisterung trällerte sie gleich noch einmal:»Minimaus, die Kirchenmaus.«

Und noch bevor Marlon sie von wegen»Ruhe im Dom« anfauchen konnte, fragte sie unvermittelt:»Was wisst ihr eigentlich über den Dom?« Marlon blickte irritiert zu Sylvie. Was sollte das denn jetzt heißen?

»Erzählt mir doch bitte etwas über den Dom«, sagte sie. Marlon schaute sich um. Der Dom war groß, weit und mächtig, 44 Meter hoch, das wusste er von seiner Mutter. Er hatte ein Langhaus und ein Querhaus, und die Stelle, wo die beiden sich kreuzten, nannte man die»Vierung«. Dort befand sich der Vierungsaltar mit dem Chorgestühl, das nur die Bischöfe und Priester betreten durften.

Aber was sollte er über das alles bloß erzählen? War er denn ein Kirchenführer? Ein Fremdenführer?

Doch Valerie schnurrte schon los:»Schon zur Römerzeit haben die Christen hier Versammlungen abgehalten und sich taufen lassen. Hinter dem Dom wurde sogar ein Taufbecken aus dem 4. Jahrhundert gefunden. Im Laufe der Jahrhunderte wurden an diesem Ort verschiedene Kirchen gebaut, aber über die wissen wir eigentlich nur sehr wenig. Im 9. Jahrhundert wurde dann der ›Alte Dom‹ gebaut, das war eine große, prächtige Kirche. Und als der Kaiser ungefähr 300 Jahre später dem damaligen Erzbischof die Gebeine der Heiligen Drei Könige schenkte ...«

»Wie? Was?«, unterbrach Sylvie sie.»Was für Gebeine?«

Aber Valerie ratterte schon weiter:»... ließ der sie in den Alten Dom bringen. Von nun an wurde er zum Wallfahrtsort, von nah und fern kamen die Menschen hierher gepilgert, um vor den Gebeinen der Heiligen Drei Könige zu beten. Deshalb wurde beschlossen, ihnen zu Ehren eine neue Kirche zu bauen, eine richtige Kathedrale. Der Alte Dom sollte abgerissen werden, erst einmal nur ein Teil, weil der Bau einer neuen Kathedrale so lange dauerte. Aber als man diesen Teil niederbrennen wollte, brannte aus Versehen der gesamte Alte Dom ab.«

Diese ganze Geschichte kannte Valerie auswendig. Sie hatte oft genug ihrer Mutter zugehört, wenn sie im Dom Führungen für Touristen machte, und im Gegensatz zu Marlon hatte sie auch etwas davon behalten.

»Wow!«, sagte Sylvie, die ihr mit offenem Mund zuhörte. »Wahnsinn! Toll! Super! Oberspannend!« Und ähnlichen Unsinn. Marlon legte die Arme auf die Brüstung der Kirchenbank und ließ seinen Kopf darauf sinken. Wie sollte er diese nervige Cousine nur eine ganze Woche lang ertragen? Zusätzlich zu seiner Zwillingsschwester!

Im nächsten Moment ließ ihn ein gellender Schrei den Kopf hochreißen. »Aah!«, kreischte Sylvie. »Hilfe, Hilfe!«

Eine unheimliche Gestalt

Sylvies Schrei verhallte im mächtigen Kirchenraum. Zum Glück waren nur wenige Besucher im Dom, die sich gestört fühlen konnten. Ein paar drehten irritiert die Köpfe. Eine Frau, die sich ein paar Bänke vor den Kindern mit gefalteten Händen niedergekniet hatte, wandte sich um und blitzte sie an:»Unverschämte Bande! Ruhe!« Dann versank sie wieder im Gebet.

Marlon und Valerie rutschten näher an Sylvie heran.»Bist du verrückt geworden?«, zischte Valerie.»Willst du, dass dieser blöde Küster uns rausschmeißt?«

Aber in Marlon war der detektivische Spürsinn geweckt. Niemand, nicht einmal seine Cousine, würde in einer Kirche ohne Grund losschreien.»Jetzt beruhige dich doch erst einmal! Was ist denn überhaupt passiert?«, flüsterte er.

Sylvie war völlig aufgelöst. Ihr Gesicht hatte die Farbe ihres flammend roten Koffers angenommen und sie bebte am ganzen Körper, als wäre ihr gerade ein Geist begegnet.»Da«, stammelte sie nur und deutete mit einem ebenfalls zitternden Zeigefinger.»Da vorne.«

Valerie folgte der Richtung des Zeigefingers.»Da ist nichts.«

Auch Marlon konnte nichts Besonderes sehen. Ein Pärchen mit Rucksäcken schritt durch das Mittelschiff. Ein älterer Mann stand bei der Schmuckmadonna und zündete eine Kerze an, ein anderer bewunderte die Glasfenster, die man »Bayernfenster« nannte, weil sie vom König Ludwig I. von Bayern gestiftet worden waren. Ihre Farben leuchteten in der Nachmittagssonne.

»Da war so eine Gestalt«, flüsterte Sylvie. »Eine unheimliche Gestalt.«

»Und was hat sie gemacht, diese unheimliche Gestalt?«, fragte Marlon, nun schon leicht ungeduldig. Unheimliche Gestalten – die gab's hier im Dom nicht, abgesehen von diesem komischen Küster vielleicht.

Sylvie brachte ein paar unzusammenhängende Laute hervor, von denen nur »Minimaus« und »Koffer« zu verstehen waren.

»Die ›unheimliche Gestalt‹ wollte deiner Maus etwas tun?«, übersetzte Valerie fragend.

Sylvie nickte.

»Und deinem Koffer.«

Sylvie nickte wieder.

»Also, das kann ich mir nicht vorstellen«, murmelte Marlon. Wer sollte sich denn an einer weißen Maus oder einem Koffer vergreifen, der aussah wie ein Flammenwerfer? Außerdem hockte Minimaus immer noch am Ende der Kirchenbank und schnupperte in die Gegend, und der Koffer stand unberührt am selben Fleck wie zuvor. Jetzt fehlte nur noch, dass Sylvie behauptete, ein Geist hätte es auf Koffer und Maus abgesehen.

Schade, er hatte sich so auf ein Abenteuer gefreut!

»Da ist er wieder!« Sylvie schlug die Hände vors Gesicht. Zwischen den Fingern blinzelte sie hervor. »Der Mann dort vorne an der Absperrung.«

Tatsächlich, an der Balustrade, die den Vierungsaltar und das Chorgestühl für die Besucher sperrte, stand ein Mann. Besonders unheimlich sah er aber nicht aus, fand Valerie. Doch als sie genauer hinschaute, fiel ihr seine merkwürdige Kleidung auf. Er trug eine eng anliegende Hose, wie eine Art Strumpfhose, und darüber einen langen Kittel aus Leinen, der in der Mitte mit einem Riemen zusammengeschnürt war. Das sah komisch aus. Als sei der Mann einem alten Film entsprungen. Oder als wäre er ein Schauspieler, der in einem Theaterstück mitspielte. Außerdem trug er einen Hut auf dem Kopf – und das, wo man doch einen Hut in der Kirche absetzte!

»Wisst ihr was, wir benehmen uns einfach wie normale Dombesucher«, schlug Valerie vor. »Wir tun so, als würden wir uns alles genau ansehen, und dabei schleichen wir unauffällig an ihn ran.«

»Oh nein, bitte, lieber nicht!«, stammelte Sylvie.

Jetzt hatte auch Valerie langsam genug. »Willst du nun wissen, was das für ein Typ ist, oder nicht?«

Sylvie nickte zitternd.

»Dann los!« Marlon war Feuer und Flamme für Valeries Idee. Ein kleines Detektivspiel war genau das, was er an diesem langweiligen Nachmittag brauchen konnte. Er erhob sich von der Kirchenbank und schlenderte durch den Mittelgang auf den Vierungsaltar zu. Die beiden Mädchen sprangen ebenfalls sofort auf. Ungeduldig drehte Marlon sich um. »Nennt ihr das etwa unauffällig? Ihr hängt an mir dran wie die Kletten«, stieß er zwischen den Zähnen hervor. »Wir müssen uns natürlich aufteilen. Jeder nimmt einen anderen Weg.«

»Ich hab aber Angst«, jammerte Sylvie. »Ich laufe hier nicht alleine herum.«

Valerie packte sie mit finsterem Gesicht am Ärmel und zog sie mit sich. Sie taten so, als würden sie sich die Steinskulpturen an den riesigen Säulen im Mittelgang ansehen – all die vielen Heiligen, die mit der Geschichte der Stadt Köln zu tun hatten. Wie erhaben sie doch auf die Dombesucher herabblickten, so ehrwürdig und weltentrückt – und das nicht nur, weil sie vor dem Zugriff der vielen Menschen im wahrsten Sinne des Wortes ›entrückt‹ waren. Sie schienen irgendwie überirdisch zu sein und außerhalb der Zeit zu stehen ... Sylvie drehte den Kopf hin und her, von links nach rechts und stolperte dabei fast über ihre eigenen Füße.

Der Mann, den sie verfolgten, hatte sich inzwischen umgedreht, und schaute zu den Mädchen. Unauffällig bleiben, ermahnte sich Valerie. Er darf nicht merken, dass wir hinter ihm her sind. Rasch zog sie Sylvie weiter, am Seiteneingang vorbei, und tat so, als wolle sie sich mit ihr die Schmuckmadonna ansehen, die in einer Glasvitrine stand, davor viele Blumen und brennende Kerzen. Aus den Augenwinkeln bemerkte sie, wie der seltsame Mann seinen Blick von ihnen abwandte.

Valerie atmete auf. Unsere Tarnung ist perfekt!

Doch das dachte sie nicht lange. Denn im nächsten Moment stieß Sylvie hervor: »Minimaus! Ich habe Minimaus auf der Bank vergessen!« Sie riss sich von Valerie los und rannte quer durch die Kirche, um ihr Mäuschen zu retten.

Vor lauter Angst, Minimaus könne verschwunden oder geklaut worden sein, merkte sie gar nicht, dass sie geradewegs auf den seltsamen Mann zusteuerte.

»Verdammt«, knirschte Valerie und lief hinter ihrer Cousine her. Marlon, der sich von der anderen Seite an den Mann herangepirscht hatte, ruderte wild mit den Armen, um Sylvie zu stoppen. Aber die kapierte einfach nichts. Dafür kapierte der Mann umso mehr. Er warf einen Blick auf die heranstürmende Sylvie, dann auf Valerie, machte eine rasche Drehung und schaute Marlon direkt in die Augen.

Er weiß es!, schoss es Marlon durch den Kopf. Er weiß, dass wir hinter ihm her sind.

Unvermittelt trat der Mann an die Balustrade. Mit einem großen Schritt stieg er über die Absperrung und strebte auf den Vierungsaltar zu.

Das bemerkte sogar Sylvie. »Aber da darf er doch gar nicht hin!«, rief sie und stoppte jäh. Valerie, die so rasch nicht mehr bremsen konnte, schoss ihr in den Rücken wie eine Kanonenkugel.

»Mädchen!«, fluchte Marlon. Zu seinen Füßen wälzte sich ein Knäuel aus Armen und Beinen. Zu gern wäre er auch über die Absperrung gestiegen und dem Mann gefolgt, aber das traute er sich nicht. Die Dombesucher schauten sowieso schon wieder zu ihnen herüber und schüttelten die Köpfe. Wenn sie Pech hatten, tauchte gleich noch Mama auf und schimpfte, weil sie so viel Lärm machten, oder dieser Gefängniswärter mit seinen unheimlichen Augen kam und warf sie hinaus.

Der Mann war jetzt um den Vierungsaltar herumgegangen und verschwand im Chorgestühl. Marlon konnte ihn

nicht mehr sehen. Rasch lief er um die Absperrung herum und links in den Chorumgang des Doms. Von hier aus kam er zwar auch nicht ins Chorgestühl, aber durch die hohen Gitter konnte er zumindest gut hineinschauen und die ganzen Sitze mit ihren Schnitzfiguren überblicken.

Doch wo war der Mann?

Marlon spürte ein seltsames Kribbeln im Nacken. Er war allein im Chorumgang – und doch kam er sich seltsam beobachtet vor. Für einen Moment glaubte er, die riesige Jesusfigur am Gerokreuz würde ihn plötzlich anblicken.

Das Kribbeln in Marlons Nacken verstärkte sich von Schritt zu Schritt. Jetzt kam er am Hochaltar mit dem Schrein vorbei, in dem die Gebeine der Heiligen Drei Könige ruhten. Seine Haare schienen sich aufzurichten, alles in ihm sträubte sich.

Und noch immer keine Spur von dem Mann.

Marlon hastete weiter. Gleich war er am Ende des Chorumgangs angelangt, wieder bei den anderen. Er konnte schon die Mädchen sehen, die aus dem hinteren Teil des Kirchenschiffs auf ihn zugelaufen kamen. Sylvie trug Minimaus in den Händen.

Und dann sah er auch den Mann. Er stand ganz dicht bei der Säule mit dem Heiligen Christophorus, der das Jesuskind mit der Weltenkugel auf dem Rücken trug. Der Mann sah sich noch einmal nach Marlon um, dann tat er einen Schritt auf die Säule zu, streckte den Arm aus und berührte sie – und dann war er verschwunden.

Marlon schloss die Augen und öffnete sie wieder.

Der Mann war weg. Er war einfach weg. Es war, als hätte er sich in Luft aufgelöst.

»Hast du das gesehen?«, quietschte Sylvie. »Der Mann ist in der Säule verschwunden!«

»Quatsch«, sagte Marlon. Das konnte schließlich nicht sein. Menschen verschwinden nicht einfach in Säulen. Nur Geister. Und Geister gibt es bekanntlich nicht.

»Es hat aber wirklich so ausgesehen«, meinte Valerie.

»Quatsch«, wiederholte Marlon. »Es gibt eine Erklärung dafür.«

»Und welche?«, fragte Valerie.

»Ich weiß nicht.« Verärgert spürte Marlon, dass er rot im Gesicht wurde. »Aber es gibt eine, das weiß ich. Wahrscheinlich kennt der Typ sich einfach nur gut im Dom aus.«

»So gut, dass er sogar weiß, wie man in eine Säule hineingeht?« Valerie schüttelte den Kopf. Klar, Marlon dachte wieder, er könne dieses Rätsel lösen wie eine Rechenaufgabe. Ein paar logische Überlegungen und ruck zuck – schon läge das Ergebnis glasklar vor ihnen. Aber in diesem Fall war das nicht so einfach. Das konnte Valerie an dem Ziehen um ihren Bauchnabel herum spüren. Und auf ihren Bauchnabel konnte sie sich verlassen.

»Ob er wiederkommt?« Sylvie starrte die Säule an, als hätte sie Angst, dass der Mann gleich dort herausspringen und auf sie losgehen könnte. Der Heilige Christophorus blickte milde zurück.

»Wer soll wieder herauskommen?«, fragte eine Stimme hinter ihnen.

»Ah!«, kreischte Sylvie erschrocken auf. Die Zwillinge fuhren herum. Hinter ihnen stand Frau Wagner.

»Ich bin's nur«, sagte sie vergnügt. »Wen habt ihr denn erwartet? Einen bösen Geist?«

»Ja«, ächzte Sylvie. »Da war nämlich so ein Mann …«

»Ein Mann?« Die Mutter runzelte die Stirn. »Was für ein Mann?«

Marlon warf Valerie einen raschen Blick zu. Die nickte. »Sylvie hatte Angst um ihre Maus«, erklärte sie der Mutter. »Minimaus ist nämlich auf die Kirchenbank geklettert …« Mehr musste sie nicht sagen, denn die Mutter unterbrach sie mitten im Satz: »Du weißt das vielleicht nicht, Sylvie, aber Tiere gehören nicht in eine Kirche. Wenn du noch einmal hierher kommst, musst du deine Maus zu Hause lassen. In einer Kirche benimmt man sich nämlich …«

»… respektvoll«, murmelte Marlon und grinste seine Schwester an. Das hatte sie gut gemacht. Das perfekte Ablenkungsmanöver. Ein paar Geheimnisse musste man ja schließlich haben vor Eltern. Und dieses Geheimnis schien Marlon ein ganz Besonderes zu sein.

Schätze in Gefahr?

»Haben Marlon und Valerie dir eigentlich schon etwas über den Dom erzählt?«, fragte die Mutter auf dem Weg nach draußen.

Sylvie nickte. »Valerie hat mir erzählt, wie der Alte Dom aus Versehen abgebrannt ist.«

Frau Wagner lachte. »Dem Dom ist so einiges passiert im Laufe seiner langen Geschichte. Hat sie dir auch erzählt, dass er einmal als Pferdestall benutzt wurde?«

»Echt?«, staunte Valerie. »So mit richtigen Pferden?«

»Mit richtigen Pferden«, bestätigte die Mutter. »Das war 1794 während der Besatzungszeit, als die französischen Soldaten in Köln einzogen. Damals war der Dom noch gar nicht fertig und so schön wie heute, es standen nur ein Stockwerk des Kirchenschiffs und zwei Stockwerke des Südturms. Nach dem Brand von 1248 hatte man über 250 Jahre lang an ihm herumgebaut. Man wollte ihn wie eine gotische Kathedrale in Frankreich bauen, so mit Spitzbögen, Strebepfeilern, hohen Türmen und vielen Zacken. Aber das dauerte natürlich alles unglaublich lange, und irgendwann hörte man einfach auf und legte nur noch ein Dach auf die Mauern, und dabei blieb es viele Jahrhunderte lang. Nur im Innenraum wurde er schön ausgestattet und geschmückt, mit vielen Kunstwerken und kostbaren Glasfenstern. Als die französischen Soldaten 1794 kamen, verwendeten sie den Dom kurzerhand als Lager, stellten ihre Pferde dort unter und sperrten sogar Gefangene darin ein. Erst sieben Jahre später wurde der Dom wieder als Gotteshaus genutzt. Aber in gewisser Weise hat diese Zeit dazu geführt, dass der Dom fertig- oder jedenfalls weitergebaut wurde. Denn die Menschen entdeckten ihre Liebe zum Dom neu und ...«

»Mama«, mahnte Valerie, »du bist nicht in einer Kirchenführung.«

Die Mutter unterbrach sich und lachte. »Oje, du hast Recht. Wenn ich schon mal ins Reden komme! Nun erzähle du aber, Sylvie. Wie war deine Zugfahrt? Ist der ICE wirklich so schnell? Um die 300 Stundenkilometer?«

Sylvie setzte zu einem langen Bericht über ihre Zugfahrt an. Marlons Gedanken schweiften ab. Dieser Mann im Dom und sein seltsames Verschwinden gingen ihm nicht aus dem Kopf. Irgendeine logische Erklärung musste es dafür doch geben. Bloß welche? Marlons Spürsinn war geweckt. Er würde die Erklärung finden, ganz bestimmt!

Zu Hause hielten die Kinder erst einmal Kriegsrat. Sie schoben Sylvie, ihr Kofferungetüm und die kleine Maus in Valeries Zimmer und hockten sich zu dritt auf den Fußboden.

Marlon führte das Wort. »Wir haben im Dom eine Gestalt gesehen, die uns unheimlich war«, fasste er zusammen. Sylvie nickte mit großen Augen. »Diese Gestalt ist irgendwie verschwunden, wie, wissen wir nicht. Aber wir wollen es herausfinden.« Wieder nickte Sylvie. »Dazu müssen wir jetzt erst einmal ganz logisch vorgehen.«

»Logisch«, murmelte Valerie. »Na klar doch.«

»Hast du irgendwas zu meckern?«, fuhr Marlon sie an.

»Ich hab nichts zu meckern. Aber mit Logik finden wir hier überhaupt nichts raus. Das sagt mir mein Bauchnabel.«

»Weiß denn dein Bauchnabel auch, wer diese Gestalt war? Wie sie verschwunden ist?«

»Nein«, fauchte Valerie, »aber dein neunmalkluger Kopf weiß es ja auch nicht.«

Die Geschwister funkelten sich wütend an. Dann sagte Valerie:»Vielleicht haben wir uns ja alles auch nur eingebildet und der Typ war ganz harmlos.«

»Harmlos?«, rief Sylvie.»Der wollte Minimaus was tun! Der wollte meinem Koffer was tun!«

»Das hast du dir eben auch nur eingebildet«, sagte Valerie.

In diesem Fall teilte Marlon ausnahmsweise die Meinung seiner Schwester. Keiner von ihnen hatte den Mann in der Nähe der Maus oder des Koffers gesehen. Und Sylvie war ein wenig übergeschnappt, das hatte sie heute schon mehrfach bewiesen. Aber dass mit dem Mann alles in Ordnung war, glaubte Marlon trotzdem nicht.»Er hat sofort gemerkt, dass wir hinter ihm her waren«, erinnerte er die beiden Mädchen.»Und es hat ihn gestört. Er war total unruhig und ist weggelaufen. Wenn er nichts zu verbergen hätte, wäre er doch nicht über die Absperrung geklettert und durch das Chorgestühl gerannt.«

»Stimmt«, gab Valerie zu.»Er hat sich wirklich verdächtig benommen.«

»Er ist ein Dieb«, beharrte Sylvie.

Vielleicht war er ja wirklich ein Dieb? Nicht einer, der Mäuse oder Koffer klaute, das war ja lächerlich. Aber vielleicht hatte er irgendein krummes Ding vor, irgendein ganz großes krummes Ding, und war von den Kindern gestört worden? Wieder erfasste Marlon ein Kribbeln, aber diesmal war es kein Angstkribbeln, sondern ein Glückskribbeln. Denn eben noch hatte es nach ätzenden Ferien ausgesehen, mit Schwester und nerviger Cousine im Schlepptau. Und nun schien sich mit einem Mal das Paradies vor Marlon aufzutun: Er hatte eine wichtige Aufgabe, die seinen ganzen Einsatz erforderte. Eine Detektivaufgabe!

»Hört zu«, raunte er, »wir müssen einen Schlachtplan entwerfen.« Die Mädchen wurden von seiner Spannung angesteckt. Sie beugten sich vor und rückten näher an ihn heran. »Wir müssen den Dom überwachen. Wir müssen verhindern, dass irgendetwas Wertvolles gestohlen wird.«

Die Mädchen nickten feierlich.

»Kinder, es gibt Essen«, rief die Mutter aus der Küche.

Zu dritt stürmten sie an den Esstisch. Er war gedeckt mit dem Brot, das die Zwillinge am Vormittag mit der Mutter zusammen gebacken hatten, mit Wurst, Käse und einer großen Schale Obstsalat. Valerie konnte nicht widerstehen und stibitzte sich gleich ein Apfelstückchen.

Auch der Vater war mittlerweile von seiner Arbeit aus der Dombauhütte nach Hause gekommen. Er war ein großer, freundlicher Mann mit kräftigen Händen, denen man ansah, dass sie gut zupacken konnten. »Wie schön, dass du eine ganze Woche bei uns bleiben kannst«, sagte er zu Sylvie. »Habt ihr denn schon Pläne geschmiedet, was ihr alles unternehmen wollt?«

»Wir wollen herausfinden, wer diese unheimliche Gestalt im Dom war«, platzte Sylvie heraus. »Au!«, quietschte sie gleich darauf, weil ihr unter dem Tisch von rechts und links gleichzeitig gegen das Schienbein getreten wurde.

Die Mutter legte die Stirn in Falten. Aber nicht wegen der Attacke auf Sylvie, sondern weil sie das Näschen bemerkt hatte, das unter ihrem Halstuch hervorschnupperte.

»Sylvie«, sagte sie streng, »sitzt da etwa deine Maus unter diesem Tuch?«

»Da sitzt sie immer«, sagte Sylvie treuherzig. »Minimaus begleitet mich überall hin.«

»Aber zum Essen kann sie dich nicht begleiten«, bestimmte die Mutter.

Sylvie verzog ihr Gesicht. Doch Frau Wagner bestand darauf, dass sie die Maus in ihren Käfig setzte. Sie begleitete sie sogar in Valeries Zimmer und überwachte höchstpersönlich, dass sie das Kästchen aus ihrem Riesenkoffer holte und Minimaus hineinsetzte.

»Sie ist ein bisschen verrückt«, sagte Valerie zu ihrem Vater. »Sie glaubt sogar an Geister. Das mit der unheimlichen Gestalt im Dom hat sie sich natürlich auch nur eingebildet.«

Der Vater griff nach einer Scheibe Brot und bestrich sie mit Butter. »Der Dom ist so voller Geschichten«, meinte er, »da kann man schon an Geister glauben.«

»Gibt es auch Geschichten von Dieben und Räubern?«, fragte Marlon. Er wollte jetzt endlich weg von diesem Geisterunsinn.

»Die gibt es auch.« Der Vater nickte. »Einmal wurde die Schmuckmadonna bestohlen. Sie trägt ihren Namen ja deshalb, weil sie mit vielerlei Schmuck behängt ist, den die Gläubigen aus Dankbarkeit gespendet haben. Mancher, der sie um Hilfe angefleht hat und sich erhört sieht, bringt ihr Ketten, Ringe, Armbänder oder eine andere kleine Gabe.«

»Aber die Madonna steht doch in einer Vitrine«, wandte Valerie ein. »Wie soll denn da ein Dieb rankommen?«

»Ganz einfach. Der Dieb hat die Glasscheibe eingeschlagen. Dummerweise zog es ihn danach aber in die nächste Kneipe und dort hat er dann auch noch die Tasche mit dem Schmuck vergessen. Als er am nächsten Morgen seinen Rausch ausgeschlafen hatte, überkam ihn die Reue und er ging zur Polizei und stellte sich. Die Tasche mit dem Schmuck fand man auf dem Müll wieder. Dort hatte sie der Kneipenwirt nämlich nichts ahnend entsorgt.«

»Das war aber ein ziemlich blöder Räuber«, sagte Marlon enttäuscht. Irgendwie war diese Geschichte nicht so spannend, wie er gedacht hatte.

»Es gibt noch eine zweite Geschichte mit ziemlich klugen Räubern«, sagte sein Vater. »Die wurden zwar auch gefasst, aber erst nach Monaten, und manches von ihrer Beute hat man nie wieder gefunden.« Die Zwillinge schauten sich rasch an. Eine verschwundene Beute? Das klang doch schon viel besser. Vielleicht hatte das ja sogar etwas mit ihrem Geheimnis zu tun? »Erzähl, Papa!«, rief Marlon.

»Ihr kennt doch die Schatzkammer«, sagte der Vater.

Die Zwillinge nickten. Die Schatzkammer lag auf der Nordseite des Doms, also der Seite, auf die man direkt zuging, wenn man die breite Treppe vom Bahnhof heraufkam. In ihr wurde der Domschatz ausgestellt, die Kostbarkeiten, die sich im Laufe der Jahrhunderte in und um den Dom herum angesammelt hatten: alle möglichen heiligen Gegenstände, die man Reliquien nannte, außerdem liturgische Geräte, die der Priester im Gottesdienst verwendete, Messgewänder, Skulpturen aus dem Mittelalter und noch vieles mehr.

»Das ist die neue Schatzkammer. Früher wurde der Domschatz aber in Räumen des nördlichen Querhauses vom Dom ausgestellt«, fuhr der Vater fort. »Die Räuber damals waren zu dritt. Und am Querschiff stand ein Baugerüst. Am Dom steht ja fast immer irgendwo ein Gerüst herum, weil es immer irgendetwas zu bauen oder auszubessern gibt. Jedenfalls nutzten die Räuber dieses Gerüst, kletterten hinauf und der Dünnste von ihnen zwängte sich in sechs Metern Höhe durch den Ventilatorschacht und seilte sich in die Schatzkammer ab.«

»Wow«, machte Marlon.»Was für ein cooler Plan.«

Die Mutter war inzwischen mit einer finster blickenden Sylvie und ohne Maus an den Esstisch zurückgekehrt. Sie hatte die letzten Worte gehört.»Diese Kerle waren nicht cool, sondern vor allem raffgierig«, sagte sie.»Der Kopf der Bande konnte nämlich den Hals nicht voll kriegen. Und letztlich wurde ihm das zum Verhängnis. Die Polizei, für die er kein Unbekannter war, konnte ihm zwar nichts nachweisen, aber als sie ihn Monate später erneut überprüfte, fand sie tatsächlich einen Erpresserbrief bei ihm. Darin verlangte er vom Kardinal eine Million Lösegeld für die Beute. Danach war es nur noch eine Frage der Zeit, bis alle drei verhaftet und überführt waren.«

»Aber die Beute.« Marlon ließ der Gedanke an die verschwundenen Kostbarkeiten keine Ruhe.»Papa hat gesagt, ein Teil der Beute ist nie wieder aufgetaucht.«

»So ist es«, bestätigte die Mutter.»Die Räuber hatten ja viele der kostbaren Schmuckstücke zerstört. Sie haben Edelsteine herausgebrochen oder Gold eingeschmolzen. Vieles wurde gefunden und restauriert, einiges wurde vom Domgoldschmied neu geschaffen, aber manches blieb leider für immer verschwunden. Wer weiß, welche dunklen, verschlungenen Pfade es gegangen und in wessen Händen es gelandet ist.«

»Die neue Schatzkammer solltest du dir unbedingt einmal von Marlon und Valerie zeigen lassen«, wandte sich der Vater an Sylvie. »Sie ist im Kellergewölbe, und es ist ein tolles Erlebnis ...«

Marlon hörte nicht weiter zu, seine Gedanken waren schon wieder woanders. Die neue Schatzkammer kannte er schon, mindestens ein Dutzend Mal war er bereits zwischen den Resten der römischen Stadtmauer und irgendwelchen alten Säulen vom Vorgängerbau des Doms herumgestiefelt. Ihn beschäftigten jetzt wichtigere Dinge. Hatten es neue Räuber auf den Domschatz abgesehen? Oder gab es irgendwelche Komplizen der Räuber von damals, die noch irgendeine Rechnung offen hatten? Vielleicht waren es auch dieselben Kerle von damals, die ihre Strafe längst verbüßt hatten und nun einen fiesen Anschlag auf den Dom planten, um sich für die Jahre im Gefängnis zu rächen. Alles war möglich. Aber was auch immer dieser seltsam aussehende Unbekannte vorhatte, ob er allein handelte oder ob es Hintermänner gab, es lag an Marlon und den beiden Mädchen, seine Tat zu verhindern.

Von Geistern, Königen und Domarbeitern

Frau Wagner hatte am nächsten Tag frei und musste nicht in den Domladen, doch die Kinder machten sich gleich nach dem Frühstück auf, um am Dom Wachposten zu beziehen. Obwohl es erst früher Vormittag war, glühte die Sonne schon heiß auf sie herab. Keine Wolke war am Himmel zu sehen, kein Lüftchen regte sich. Und das wollte etwas heißen am Dom, wo es doch eigentlich immer zog. Marlon hatte zur Tarnung sein Skateboard mitgenommen, aber er setzte keinen Fuß darauf. Er schleppte sich zur Treppe auf die Bahnhofsseite und ließ sich niedersinken. Valerie trottete stumm hinter ihm her und tat es ihm nach. Am Schluss kam Sylvie angestolpert. Sie stöhnte und wischte sich mit ihrem Halstuch den Schweiß von der Stirn. Die Zwillinge hatten ihr großzügig vorgeschlagen, in der kühlen Wohnung zu bleiben, aber das hatte sie empört abgelehnt.»Ich will auch Räuber fangen«, sagte sie energisch. Also war ihnen nichts anderes übrig geblieben, als sie und ihr Mäuschen mitzunehmen und zu hoffen, dass sie beim Räuberfangen nicht allzu viel Unsinn anrichtete.

Eine ganze Weile hockten sie so auf der Treppe und starrten zur Domschatzkammer hinüber.

»Wann kommt denn nun der Räuber?«, fragte Sylvie. »Mir ist langweilig.«

»Räuber halten sich nicht an Zeitpläne«, knurrte Marlon. »Außerdem hat dieser hier gar keinen ausgegeben.«

»Wir wissen ja noch nicht einmal, ob es sich um einen Räuber handelt«, betonte Valerie.

Marlon verdrehte die Augen. »Nein, es handelt sich um einen Geist, und wenn die Uhr zur vollen Stunde schlägt, dann nimmt er seinen Kopf ab und trägt ihn unterm Arm einmal rund um den Dom spazieren.« Er hatte den Satz noch nicht zu Ende gesprochen, da schlug die Turmuhr elf Mal. Sylvie zuckte zusammen und stieß einen Laut aus, der wie das Quieken eines Schweinchens klang. »Kommt jetzt der Geist ohne Kopf?«, jammerte sie.

Obwohl die Sonne ihm fast die Birne wegbrannte, sprang Marlon auf die Füße. Dieses Gequatsche hielt er nicht länger aus. Er musste etwas tun. Vor allem brauchte er eine Pause von seiner Cousine. »Okay, neuer Plan«, sagte er. »Es nutzt ja nichts, wenn wir alle auf einem Haufen sitzen und die Schatzkammer anstarren. Wir müssen den ganzen Dom abdecken, und deshalb übernimmt jeder von uns einen Abschnitt.«

»Ich gehe nicht allein«, sagte Sylvie sofort.

»Nein, du gehst mit Valerie«, bestimmte Marlon. Er übersah den Blick, mit dem seine Schwester ihn durchbohrte. »Ihr übernehmt die Domplatte, also alles rund um den Dom. Ich schaue mich innen noch einmal um. Bis später.« Er sprang auf sein Skateboard und bretterte los, trotz der Hitze.

Valerie schrie ihm irgendetwas hinterher, was sich sehr nach »gemeiner Typ« anhörte, aber er drehte lieber nicht den Kopf, um zu fragen, was sie damit gemeint haben könnte.

Im Dom war es kühl und still. Marlon klemmte sein Board unter den Arm und ging noch einmal den Weg, den der Mann gestern genommen hatte, bis nach vorne an die Balustrade. Weiter durfte er nicht. Aber hier war der Mann über die Absperrung gestiegen und hatte sich im Chorgestühl versteckt. Danach hatte er ihn erst wieder vor der Christophorussäule gesehen.

Mit einem Mal überkam Marlon ein seltsames Gefühl. Als würde ihn etwas in den Rücken stechen, durchbohren wie eine Speerspitze. Da war jemand, unmittelbar hinter ihm, und dieser Jemand starrte ihn an. Dazu brauchte er nicht einmal Valeries Bauchnabel, um das zu spüren. War es die unheimliche Gestalt? Cool bleiben, sagte sich Marlon. Doch sein Herz hielt sich nicht daran. Es hämmerte wie eine Dampfmaschine. Trotzdem drehte Marlon sich langsam, ganz langsam, millimeterweise um.

Was ihn durchbohrte waren ein Paar tote graue Augen. Der Gefängniswärter! »Was treibst du dich hier herum?«, blaffte er Marlon an. »Untersteh dich, über die Absperrung zu steigen!«

»Ich guck doch nur«, verteidigte sich der Junge.

»Das kenne ich schon. Ihr Rotznasen tut immer so, als könntet ihr kein Wässerchen trüben, aber wenn man euch den Rücken kehrt, macht ihr irgendwelchen Unsinn. Also los, verschwinde gefälligst.«

Marlon verwünschte innerlich diesen »Urlaubs-Küster«. Eigentlich hatte er in aller Ruhe noch einmal die Christophorussäule untersuchen wollen, um herauszufinden, wohin der Mann gestern so plötzlich verschwunden war. Das konnte er nun vergessen. Natürlich hatte der Mann kein Recht, ihn aus dem Dom zu vertreiben. Aber was nutzte es ihm, wenn der ihn die ganze Zeit bewachte wie ein Kettenhund? Nein, besser er zog jetzt ab und kam später noch einmal wieder, wenn die Luft rein war.

Er drehte sich um und wollte gerade zurück zum Petersportal gehen, als er aus den Augenwinkeln etwas Helles am Fuße der Christophorussäule liegen sah. Ein Zettel! Ein Zettel an genau der Stelle, an der die unheimliche Gestalt gestern verschwunden war! Marlons Schritt stockte. War das ein Hinweis? Ein Geheimplan, eine Verabredung zwischen Verbrechern, irgendetwas in der Art?

Er musste an den Zettel herankommen, und das sofort! Denn der nächste Dombesucher, der an der Säule vorbeikam, oder gar der unfreundliche Küster selbst würden den Zettel finden und achtlos entsorgen. Ein wertvoller Hinweis wäre damit vielleicht verloren ...!

Langsam ging Marlon weiter, dabei linste er unauffällig zur anderen Seite. Der Küster hatte offensichtlich nichts bemerkt. Er schien zufrieden damit, den Jungen vertrieben zu haben, und hatte sich schon abgewandt.

Marlon holte tief Luft, dann schlug er einen Haken und sauste zur Säule hinüber. Ruckartig drehte sich der Gefängniswärter um. Marlon bückte sich und schnappte den kleinen zusammengefalteten Zettel. Das Papier fühlte sich seltsam an, aber Marlon blieb keine Zeit, darüber nachzudenken. Schon hörte er die Schritte des Gefängniswärters! Sie hallten laut durch den Dom, viel lauter, als es einem

Kirchenraum angemessen war. Nicht respektvoll, schoss es Marlon durch den Kopf. Er selber war viel leiser. Und schneller. Er nahm die Abkürzung zwischen den Kirchenbänken hindurch, schoss wie ein Blitz um die Ecke in den Mittelgang – und blieb mit dem Fuß an einem Kniebänkchen hängen.

Der Schlag, mit dem Marlon samt Skateboard auf den Kirchenfußboden knallte, dröhnte bis hinauf in den letzten Winkel des Gewölbes. Stöhnend fasste er nach seinem Knöchel. Hatte er sich das verdammte Ding etwa gebrochen? Schon nahte der Gefängniswärter.

Irgendwie schaffte Marlon es, sich auf sein Skateboard zu knien, mit den Händen abzustoßen und in Richtung Ausgang zu rollen. Er hatte das Gefühl, den eiskalten Atem seines Verfolgers im Nacken spüren zu können, das Frohlocken in seinen toten grauen Augen, dass er seine Beute nun gleich gepackt hatte.

In diesem Augenblick drängte sich eine riesige Horde japanischer Touristen in den Dom hinein. Die Rettung! Marlon glitt mit seinem Skateboard zwischen sie und schlängelte sich zwischen ihren Beinen hindurch. Hinter sich hörte er diesen Gefängniswärter, der zwischen den Japanern steckenblieb, eine Verwünschung ausstoßen. Mit letzter Kraft schlüpfte Marlon durch das Portal. Er hatte es gerade noch geschafft!

Jetzt musste er nur noch einen sicheren Ort suchen, an dem er in Ruhe den so teuer ergatterten Zettel studieren konnte. Hoffentlich hatte sich die ganze Aktion auch gelohnt und er hatte nicht bloß einen verloren gegangenen Einkaufszettel aufgesammelt.

Während Marlon sich im Dom mit dem grässlichen Küster ein Verfolgungsrennen lieferte, war Valerie einmal rund um den Dom gewandert, immer Sylvie im Schlepptau, die ihr so dicht auf den Fersen folgte, dass sie kaum richtig laufen konnte. Valerie sandte in Gedanken wüste Drohungen an ihren Bruder. Der konnte was erleben, drückte ihr einfach die Cousine aufs Auge und machte sich dann aus dem Staub!

Um den Dom herum war nichts Verdächtiges zu sehen. Nur das übliche Bild der Touristen, die, den Kopf in den Nacken gelegt, ehrfurchtsvoll zu den Türmen hinaufschauten und rieten, wie hoch sie wohl waren. Valerie wusste es, genau 157,31 Meter der Südturm und der Nordturm die Winzigkeit von 7 Zentimetern höher.

»Da!«, rief Sylvie plötzlich. Valerie blieb stehen. Hatte die Cousine etwa den Mann von gestern entdeckt? Oder fürchtete sie sich schon wieder vor einem kopflosen Geist? Aber sie deutete in den offenen Hof der Dombauhütte hinab. »Da ist dein Vater! Hallo, Onkel Peter!«

Herr Wagner hob den Kopf und winkte zu den Mädchen hinauf. »Wollt ihr mir bei der Arbeit zusehen?«

Sylvie nickte begeistert. Valerie war zwar schon oft bei ihrem Vater in der Dombauhütte gewesen, aber sie hatte auch nichts dagegen, bei der Dombewachung eine Pause einzulegen. Das brachte doch sowieso nichts. Marlon wollte es ja nicht glauben, aber der Mann gestern war in der Säule verschwunden. Und das konnte kein normaler Mensch.

Der Vater ließ sie in den Hof hinein. Er war gerade dabei, mit einem Flacheisen die Kante eines Steinbrockens zu glätten. »Was tust du da?«, wollte Sylvie wissen.

»Das ist ein Steinblock aus dem Steinbruch«, erklärte der Vater. »Ich stelle daraus einen rechteckigen Quader her. Aus solchen Quadern ist der Dom gebaut worden, aus ihnen werden auch Säulen und Bögen gemacht.«

»Und wo sind deine Maschinen?« Sylvie schaute sich suchend um.

Der Vater lachte. »Ich bin ein Steinmetz. Ich arbeite zwar auch mit modernen Maschinen, aber sicher genauso oft mit

Werkzeug, wie es die Handwerker im Mittelalter bereits hatten. Für so einen Quader brauche ich über zwei Stunden.«

»Aber der Dom ist doch schon fertig gebaut«, meinte Sylvie. »Wofür machst du dann neue Quader?«

»Fertig?«, sagte Valerie. »Der Dom ist doch nie fertig.«

»Du musst dir das vorstellen wie einen riesigen Reparaturbetrieb«, erklärte der Vater. »Ständig muss irgendwo etwas ausgebessert werden. Sieh dir die vielen Figuren an, all die Wasserspeier und so – im Laufe der Jahrhunderte verwittert das alles. Besonders die Schadstoffe in der Luft, vor allem die Autoabgase, setzen dem Dom zu. Außerdem ist der Dom im Zweiten Weltkrieg schwer beschädigt worden, damals haben ihn 14 Fliegerbomben getroffen, eine Luftmine sogar den Strebepfeiler des Nordturms. Das alles musste wieder aufgebaut und erneuert werden, manches davon ist bis heute noch nicht ganz wieder hergestellt. Deshalb arbeiten hier in der Dombauhütte über 100 Leute, Steinmetze, Bildhauer, Glasmaler, Dachdecker, Gerüstbauer und noch viele mehr. Sie alle sorgen für den Erhalt des Doms.«

Die Turmuhr schlug zwölf Mal. Sylvie zuckte zusammen und drängte sich näher an den Vater. Er legte den Arm um sie und schaute sie fragend an. »Ist etwas passiert?«

»Ach, sie wartet nur auf einen Geist, der seinen Kopf unterm Arm trägt«, erklärte Valerie.

Sylvie blitzte sie an. »Darauf warte ich überhaupt nicht!« Etwas leiser und ziemlich lahm fügte sie hinzu: »So etwas gibt es doch gar nicht.«

»Vorhin klang das aber ganz anders«, meinte Valerie.

»Ihr sollt die arme Sylvie nicht so ärgern«, lachte der Vater. »Ein Geist mit Kopf unterm Arm! Was wird euch denn als Nächstes einfallen? Dass sich einer der 48 Domherren, die hier nebenan auf dem Domherrenfriedhof liegen, aus seiner Gruft erhebt? Oder dass sich die Gebeine der Heiligen Drei Könige in Bewegung setzen und ihren Schrein verlassen?«

Valerie kicherte, aber Sylvie machte so ängstliche Augen, als sei gerade ein wandelndes Skelett um die Ecke gebogen. Auch der Vater sah ihr Gesicht und er merkte, dass er dem Mädchen mit seinem Scherz nur noch mehr Angst eingejagt hatte. Rasch versuchte er sie abzulenken. »Weißt du, wie die Gebeine der Heiligen Drei Könige nach Köln kamen? Nein? Dann erzähle ich es dir. Die Gebeine befanden sich nämlich früher in Mailand in einem Kloster. Sie waren eine unermessliche Kostbarkeit, denn immerhin hatten diese drei heiligen Männer nach der Geburt von Jesus an seiner Krippe gestanden. Im 12. Jahrhundert nun befand sich Kaiser Barbarossa im Krieg mit Italien, an seiner Seite stand sein Kanzler, der Graf Rainald von Dassel. Sie stürmten Mailand, das sich lange und tapfer gegen seine Belagerung gewehrt hatte, und eroberten als Kriegsbeute die Gebeine der Heiligen Drei Könige. Der Kaiser schenkte sie dem Grafen, der gleichzeitig Erzbischof von Köln war, und der trug sie stolz und unter dem Jubel der Kölner Bevölkerung in seine Stadt. Das ist die offizielle Geschichte.«

Die Ablenkung des Vaters funktionierte. Sylvie hörte wie gebannt zu und schien nicht mehr an irgendwelche Geister zu denken. Gespannt fragte sie: »Meinst du damit, es gibt auch noch eine andere Geschichte?«

»Ja, die gibt es. Eine so genannte ›Legende‹. Eine Legende ist eine Art Märchen. Die Legende von den Heiligen Drei Königen geht so: Danach war der Kaiser äußerst wütend darüber, dass sich die Stadt Mailand so lange erfolgreich gegen die Belagerung zur Wehr setzte. Deswegen wollte er nach der Eroberung deren Bürgermeister hängen lassen. Der Graf von Dassel schloss nun ein Abkommen mit der Schwester des Bürgermeisters. Sie war Äbtissin in diesem Kloster, in dem die Gebeine aufbewahrt wurden. Wenn sie dem Graf die heiligen Gebeine überließe, so vereinbarten sie, dann würde er das Leben ihres Bruders retten. Seinem Kaiser sagte er, er wolle als Kriegslohn nur das, was die Äbtissin auf ihren Schultern aus der Stadt tragen könne. Barbarossa willigte ein. Und was, glaubst du, hat die Äbtissin wohl aus der Stadt hinausgetragen?«

Sylvie legte nachdenklich die Stirn in Falten.

»Ihren Bruder, den Bürgermeister«, platzte Valerie heraus.

Sylvies Falten vertieften sich. Dann, als sie endlich kapierte, glitt ein Strahlen über ihr Gesicht: »So hat sie ihn also gerettet! Und dieser Graf von Dingsda hat dafür die Knochen bekommen.«

»Die Gebeine der Heiligen Drei Könige«, korrigierte Valerie.

»Genau«, bestätigte der Vater. »Und die Ankunft dieser Gebeine in Köln machte aus der Stadt einen Wallfahrtsort. Von überall her strömten die Menschen, um sie anzusehen, zu bestaunen und anzubeten. Deshalb beschloss man 1248, also gut 80 Jahre später, zu ihren Ehren eine größere und viel prächtigere Kathedrale zu bauen. Sie waren also der Anlass, den Alten Dom abzureißen und einen neuen Dom über seine Reste drüberzubauen.«

»Und beim Abriss hat man den Alten Dom aus Versehen total abgefackelt.« Sylvie strahlte noch mehr, weil ihr wieder eingefallen war, dass Valerie ihr das gestern schon erzählt hatte.

»Heute ruhen die Gebeine im Dreikönigsschrein über dem Hochaltar im Dom«, sagte der Vater. »Natürlich weiß bis heute niemand, ob sie echt sind, also ob sie wirklich von den Heiligen Drei Königen stammen, aber das war den Gläubigen, die hierher gepilgert sind, egal. Und auch heute noch kommen viele Menschen, um sie anzubeten. Für sie sind sie kostbare Reliquien, heilige Gegenstände.«

Valerie hatte diese Geschichte schon öfter gehört, aber heute klang sie in ihren Ohren irgendwie anders. Sie versetzte ihrem Bauchnabel ein ganz seltsames Ziehen. Eine Legende, dachte Valerie. Eine Legende aus alter Zeit. Der Mann, der in der Säule verschwunden war, hatte auch ausgesehen, als käme er aus alter Zeit mit seiner komischen Kleidung. Konnte es da einen Zusammenhang geben?

»Valerie!«, zischte es von oben in den Hof der Dombauhütte hinab.

Valerie legte den Kopf in den Nacken. Oben stand Marlon und ruderte mit den Armen. Selbst auf die Entfernung konnte sie sehen, dass er knallrot und verschwitzt war. »Valerie, schnell!«, beschwor er sie.

Ganz eindeutig, irgendetwas musste passiert sein.

Teufelslegenden

»Ich geh dann mal wieder«, sagte Valerie rasch zu ihrem Vater. »Du kannst Sylvie ja noch mehr von deiner Arbeit erzählen.« Damit wollte sie sich elegant aus dem Staub machen.

Aber so leicht ließ sich Klette Sylvie nicht abschütteln. »Ich komme mit!«, rief sie und folgte Valerie auf dem Fuße.

Sie fanden Marlon im Schatten der Dommauer kauernd. Er rieb sich den Knöchel und schaute sich um, als erwarte er jeden Moment überfallen zu werden.

»Was tust du da?«, fragte Sylvie. »Spielst du Verstecken?«

»So ähnlich«, knurrte Marlon. »Aber wir brauchen ein besseres Versteck. Kommt, nichts wie weg hier.« Stöhnend richtete er sich auf. So rasch er konnte, hinkte er fort vom Dom, um die Ostseite herum, die breite Treppe hinab, auf das Bahnhofsgebäude zu. Dabei schaute er ständig über die Schulter zurück, ob ihnen auch wirklich niemand folgte.

Wieder spürte Valerie ein Ziehen, aber diesmal war es nicht der Bauchnabel, sondern mehr die Herzgegend. Irgendetwas war ihrem Bruder passiert, etwas, das ihm Angst machte. Und das mochte sie nicht. Erstens war es ungewöhnlich, dass Marlon sich vor etwas fürchtete. Zweitens war es noch ungewöhnlicher, dass er sich mitten am Tag vor etwas fürchtete. Und drittens durfte ihm sowieso keiner was tun. Keiner außer ihr.

»Was ist passiert?«, bohrte sie nach. »Wie hast du dir überhaupt weh getan?«

Aber Marlon gab keine Antwort, sondern strebte unaufhaltsam weiter. Im Bahnhofsgebäude mit all den eilig hastenden Reisenden drängte er die Mädchen in Richtung Treppe, die hinunter zu den U-Bahnen führte. Als sie am Bahnsteig unten ankamen, fuhr gerade die Linie 19 vor. Marlon stockte einen Moment, schaute sich hektisch um und stieg dann in die Bahn ein. Valerie sog scharf den Atem ein und Sylvie quiekte leise vor Überraschung. Doch den beiden Mädchen blieb nichts anderes übrig, als ihm zu folgen, wenn sie nicht zurückbleiben wollten.

Schon schlossen sich die Türen und die Bahn fuhr an.

»Mensch, jetzt krieg doch endlich die Zähne auseinander!«, fuhr Valerie ihn an. »Was soll diese ganze Aktion eigentlich? Wovor rennst du weg?«

Marlon warf einen scharfen Blick durch den Wagen. Erst danach ließ er sich aufatmend auf eine Sitzbank fallen. »Der Typ hat mich verfolgt«, sagte er.

»Der Typ? Welcher Typ?« Valerie verstand kein Wort.

»Der von gestern!«, rief Sylvie. »Die unheimliche Gestalt! Ich hab's ja gewusst!« Sie nickte triumphierend. Minimaus kam unter ihrem Halstuch hervor und rannte aufgeregt von einer Schulter zur anderen.

»Nicht die unheimliche Gestalt.« Marlon schüttelte den Kopf. »Der Küster, vielmehr der Gefängniswärter. Und soll ich euch was sagen? Der hat mit der ganzen Sache zu tun.«

»Jetzt siehst du aber Gespenster«, widersprach Valerie. »Mit welcher Sache überhaupt? Wir wissen doch noch gar nichts. Und der Gefängniswärter ist einfach nur ein blöder Küster, der Kinder nicht leiden kann. Deshalb verscheucht er uns ständig.«

»Eben nicht. Er verscheucht uns, weil wir ihn bei seinem Vorhaben stören. Und ich habe auch einen Beweis dafür!« Marlon griff in seine Hosentasche und holte etwas hervor, das auf den ersten Blick wie ein Zettel aussah. »Der lag vor der Christophorussäule. Als er mitbekam, dass ich ihn aufheben wollte, ist er auf mich losgegangen und hat mich durch den ganzen Dom verfolgt. Er wollte nicht, dass ich das hier sehe, weil er wusste, dass es ihn verraten würde. Zum Glück konnte ich mich gerade noch vor ihm retten.«

»Was ist das für ein Zettel?«, fragte Sylvie.

Valerie griff danach. Er fühlte sich seltsam an. Anders als Papier. »Pergament«, flüsterte sie ehrfürchtig. Pergament – war das nicht dünnes Leder, das man im Mittelalter verwendet hatte, bevor es Papier gab? Wieder zog ihr Bauchnabel. Ein Mann mit altertümlicher Kleidung. Ein Zettel aus Pergament. Was hatte es damit nur auf sich? Wir müssen in den alten Büchern lesen, dachte sie. Wir müssen die Legenden lesen.

Sie faltete das Pergamentpapier auseinander. Mit schwarzer Tusche war ein Grundriss darauf gezeichnet. An einer Stelle war ein dickes Kreuz gemalt und darunter stand »Lapis temporis« und dann eine seltsame Aneinanderreihung von Zahlen: 21.6., 3 + 3, 21.00, 3.00. Sie sahen aus, als habe sie ein Erstklässler mit ungelenker Hand auf das Papier gekritzelt.

Die Bahn fuhr mittlerweile oberirdisch, nun ratterte sie mit quietschenden Rädern um eine Kurve und hielt an. Leute stiegen ein und aus, die Bahn fuhr weiter. Die Kinder merkten nichts. Sie starrten auf die Zeichnung.

»Der Dom«, flüsterte Valerie schließlich. »Das ist der Bauplan vom Dom.«

»Er ist doppelt gezeichnet worden«, sagte Sylvie.

Was faselst du jetzt schon wieder für einen Mist, wollte Marlon sie gerade anfahren, da sah er, dass sie Recht hatte: Über den ersten Grundriss war ein zweiter gezeichnet worden. Die Türme und das Kirchenschiff waren erst später zum Chor hinzugefügt worden, mit einer anderen Feder. Und die komischen Zahlen auch. »Was haben die bloß zu bedeuten«, murmelte er.

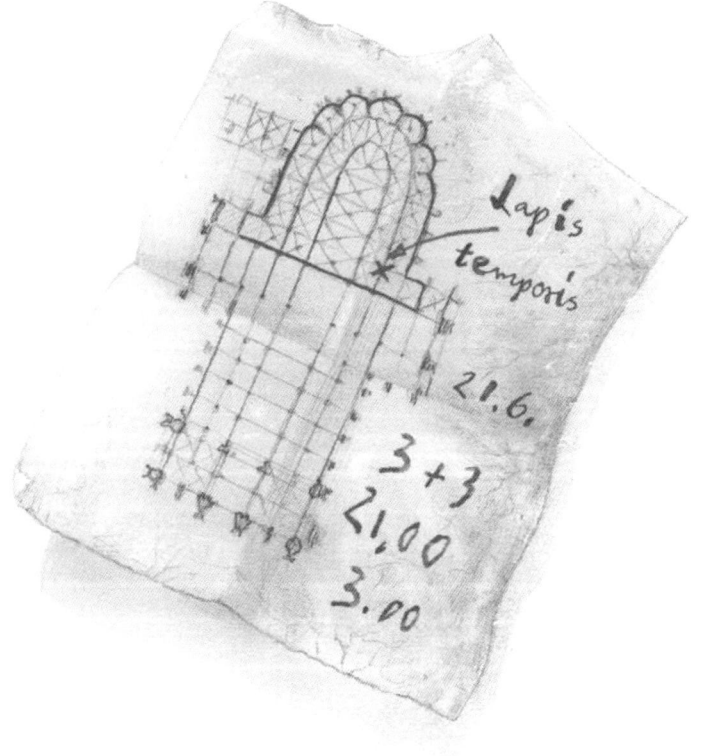

Wieder hielt die Bahn. »Endstation Klettenberg, bitte alle aussteigen«, ertönte die Lautsprecherdurchsage.

Die Kinder fuhren hoch. »Wo sind wir hier?«, fragte Valerie. »Welche Bahn ist das überhaupt?«

»Keine Ahnung«, antwortete Marlon. »Ich bin einfach in die Nächstbeste eingestiegen. Ich wette, der Gefängniswärter war uns noch auf den Fersen, aber so haben wir ihn abgehängt.«

Diesmal widersprach Valerie nicht. Sie ahnte, dass Marlon Recht hatte. Diese Zeichnung mit den Zahlen lieferte ihnen einen wichtigen Hinweis, sie hatten ihn nur noch nicht entschlüsselt. Und dass sie ihn entschlüsselten, hatte der Gefängniswärter verhindern wollen. Mit allen Mitteln.

Sie stiegen aus und warteten an der Endhaltestelle, bis die Bahn kam, die sie zurück zum Hauptbahnhof fuhr. Von dort kannten sie den Weg nach Hause. Sie sprachen kaum miteinander, und sogar Sylvie, die sonst unentwegt herumplapperte, hielt ausnahmsweise den Mund. Jeder grübelte für sich über das Rätsel der Zeichnung nach.

»Ihr wart ja heute lange unterwegs«, begrüßte Frau Wagner die Kinder, als sie müde und verschwitzt zu Hause ankamen. Besorgt musterte sie Marlon. »Was ist mit deinem Fuß passiert?«

»Nix«, quetschte Marlon zwischen den Zähnen hervor und verzog sich hinkend in sein Zimmer.

»Die Hitze scheint schlechte Laune zu machen.« Die Mutter schaute ihm kopfschüttelnd nach.

»Ihm ist nur mal wieder ein Sprung mit seinem Skateboard danebengegangen«, sagte Valerie. »Mama, hast du ein Buch, in dem die Legenden rund um den Dom erzählt werden?«

»Natürlich. Ich habe ein Dutzend Bücher über den Dom und in einigen steht auch etwas über die Legenden.« Die Mutter eilte sofort ins Wohnzimmer ans Regal, in dem dicht gedrängt unzählige Bücher standen. Ihre Augen begannen vor Eifer zu leuchten. »Was willst du denn wissen? Ich kann dir auch was erzählen, ich kenne sie alle.«

»Ich weiß«, sagte Valerie. »Aber ich hab jetzt keine Lust auf eine Domführung.«

Die Mutter lachte und gab ihr ein Buch, das schon ziemlich alt aussah. »Dann lies das hier. Ist ein bisschen altertümlich geschrieben, aber das wirst du schon verstehen.«

Valerie nahm das Buch mit in ihr Zimmer, warf sich aufs Bett und begann zu lesen. Sylvie, die während ihres Besuchs bei ihr im Zimmer schlief, hockte sich auf den Fußboden und begann aus Legosteinen Hindernisse zu bauen. »Komm, Minimaus«, lockte sie das Mäuschen von ihrer Schulter herunter. »Komm, mach hopp.« Minimaus beschnupperte die bunten Bauwerke und kletterte dann über sie drüber. »Toll, Minimaus!« Sylvie klatschte in die Hände.

Valerie schaute unwillig von ihrem Buch auf. »Was machst du da für einen Quatsch?«

»Minimaus übt Hindernisspringen«, strahlte Sylvie.

Valerie stöhnte und las weiter.

»Und du?«, fragte Sylvie. Als Valerie keine Antwort gab, quengelte sie: »Was liest du da? Sag doch!«

»Also gut«, sagte Valerie. Sylvie wollte es ja nicht anders. »›Die Legende vom Teufelsstein: Einst ärgerte sich der Teufel, dass die Gebeine der Heiligen Drei Könige so sehr verehrt wurden. Nicht die Könige sollten die Menschen anbeten, sondern ihn, den mächtigen Teufel! Zornig überlegte er, wie er es* den Menschen heimzahlen könne. *Und eines Tages kam ihm ein Einfall. Er nahm einen schweren Stein und schleuderte ihn mit Wucht auf den Dreikönigsschrein, damit er ihn zermalmen möge.* Doch Gott hatte seine Absicht durchschaut. *Er ließ den Schrein zur Wand zurückweichen, sodass der Stein ihn knapp verfehlte. Bis heute kann man auf diesem Stein die Krallen des Teufels sehen.‹«*

»Uh.« Sylvie schüttelte sich. »Wie unheimlich!«

»Oder hier: ›*Die Legende von der Teufelsglocke*‹«, fuhr Valerie fort. »*›Der Glockengießer Wolf sollte eine neue Glocke für den Dom anfertigen. Aber als die Gussform zerschlagen wurde, zeigte sich, dass die Glocke einen großen Riss hatte. Voller Zorn ließ er sie zerschlagen und machte einen zweiten Versuch, mit demselben Ergebnis: Wieder hatte die Glocke einen Riss, an derselben Stelle wie zuvor. „Dann gieße ich die Glocke eben nicht im Namen Gottes, sondern im Namen des Teufels!", rief der Glockengießer wütend, zerschlug eigenhändig die Glocke mit dem Riss und machte sich an den dritten Versuch. Und diesmal gelang die Glocke. Der Glockengießer wollte schon triumphieren, fügte sie zum Geläut des Doms hinzu, doch nach dem ersten Glockenschlag riss auch sie an derselben Stelle wie die beiden zuvor. Da stieß der Glockengießer einen Schrei aus und stürzte sich kopfüber vom Dom hinab. Die Glocke aber wurde nur noch zur Warnung vor Unwettern oder Feuersbrünsten geläutet.‹«*

»Hör auf!«, quietschte Sylvie. »Ich will nichts mehr davon hören!«

Valerie klappte zufrieden den Mund zu und blätterte weiter. Die nächste Geschichte hieß »*Die Legende von der Teufelswette*«. »*Als Gerhard von Ryle Dombaumeister war*«, stand da, »kam eines Tages ein Fremder zu ihm und fragte: „Brauchst du vielleicht guten Rat für deinen Dombau?" Stolz verneinte Meister Gerhard und sagte: „Bemüht Euch nicht, den Dom baue ich auch ohne Euren Rat." Doch der Fremde ließ nicht locker und redete immer weiter auf Meister Gerhard ein, bis sie sich erhitzten und zu streiten begannen.

Genau das aber hatte der Fremde erreichen wollen, denn in Wahrheit war er der Teufel, und im Laufe des Streitgesprächs verführte er Meister Gerhard zu folgender Wette:

Der Teufel wollte eine Wasserleitung aus der fernen Eifel nach Köln hin bauen. Wenn er damit fertig war, bevor Gerhard den Dom vollendet hatte, so sollte ihm die Seele des Dombaumeisters gehören.

Diese Wette gewinne ich, dachte Meister Gerhard bei sich. Woher soll denn der Teufel wissen, wie man Wasser über eine so lange Strecke leiten kann? Und er nahm die Wette an.

Doch als der Teufel sah, dass das Wasser nicht durch seine Leitung fließen wollte, näherte er sich Meister Gerhards Frau und entlockte ihr mit List das Geheimnis: Alle Viertelstunde Weges solle er ein Luftloch in der Wasserleitung lassen, sagte sie. Dies tat der Teufel denn auch, und so kam es, dass Meister Gerhard nur wenige Tage später unterhalb von seinem Dome ein Bächlein munter plätschern sah und darauf tummelten sich die Enten.

So hatte der Teufel seine Wette gewonnen, nach der ihm nun die Seele des Dombaumeisters gehören sollte. Gerhard wollte sich in die Tiefe stürzen, um dem Teufel zu entkommen, doch der packte ihn und fuhr mit ihm zur Hölle. Danach fand sich lange kein Meister mehr, der bereit war, am Dom weiterzubauen.«

Uh, dachte nun Valerie und schüttelte sich, genau wie Sylvie vorhin. Ihre Cousine hatte Recht – das war wirklich ein bisschen unheimlich. Vor allem, weil es in dem Buch auch noch Zeichnungen zu den Geschichten gab: Der Teufel, wie er den Stein schleudert, oder der Glockengießer Wolf, der mit vor Wut verzerrtem Blick die fehlerhafte Glocke zerschlägt. Oder der Teufel in Form eines Höllenhundes, wie er den armen Meister Gerhard packt, um mit ihm zur Hölle zu fahren.

Schnell blätterte Valerie weiter. In dem Buch fanden sich mehrere Legenden über diesen Gerhard von Ryle. Dass es ihn tatsächlich gegeben hatte, wusste sie von ihrer Mutter. Er hatte im 13. Jahrhundert gelebt und war der erste Dombaumeister von Köln gewesen.

Auf der nächsten Seite stutzte sie. Diese Zeichnung kannte sie doch! Diese Linien, diese Form! »Domgrundriss zur Zeit Gerhard von Ryles«, stand darunter. Es war derselbe Grundriss wie auf dem Pergament, das Marlon vor der Christophorussäule gefunden hatte. Der Grundriss, über den dann ein zweiter gezeichnet worden war.

Leise erhob sich Valerie von ihrem Bett und schielte dabei zu Sylvie hinüber. Die war völlig in ihr Spiel »Hindernisspringen mit Minimaus« vertieft. »Mach hopp, Minimaus«, säuselte sie, und wenn die Maus über die Legosteine geklettert war, tätschelte sie ihr mit dem Zeigefinger das Köpfchen und sagte: »Brave Minimaus.«

Auf Zehenspitzen schlich Valerie mit dem Buch in der Hand zur Tür und schlüpfte nach draußen.

Im Flur stieß sie mit Marlon zusammen, der gerade aus seinem Zimmer kam.

»Ich hab was entdeckt!«, zischten die Geschwister gleichzeitig.

Valerie drängte Marlon in sein Zimmer zurück. »Guck dir das an«, stieß sie hervor und klappte das Buch auf, »das ist genau der Grundriss von dem Pergament, auf das der Gefängniswärter so scharf war. Jemand hat darauf den Grundriss vom Dom gezeichnet, wie ihn der Dombaumeister Gerhard entworfen hat. Und darüber hat er dann den neuen gezeichnet, so wie er heute aussieht. Es muss also jemand sein, der sich in beiden Zeiten auskennt! Früher und heute.«

»Willst du jetzt schon wieder mit deinen Geistern anfangen, am besten noch mit welchen aus der Vergangenheit?«, fragte Marlon. »Ich hab was viel Wichtigeres rausgefunden. *Lapis temporis*. Das heißt ›Stein der Zeit‹. Ich hab Papa gefragt. Er sagt, es ist lateinisch.«

»Stein der Zeit«, murmelte Valerie. Irgendwie hatten alle Hinweise, die sie fanden, mit der Zeit zu tun. Ein Mann mit Kleidung aus alter Zeit. Ein Zettel aus Pergamentpapier. Ein alter Grundriss, über den ein neuer gezeichnet war. Ein Vermerk in alter Sprache, der übersetzt »Stein der Zeit« hieß. Kamen sie der Lösung des Rätsels näher?

Marlon sprach schon weiter: »Als Papa mir das gesagt hat, hab ich auch die Zahlen auf dem Pergament kapiert. Zeit, na klar! 21.6., das ist ein Datum. 21.00 und 3.00, das sind Uhrzeiten. Nur bei 3 + 3 war ich mir erst nicht sicher. Aber jetzt weiß ich es. Es sind Tage.«

Um das herauszufinden, hatte er wirklich sein ganzes logisches Können gebraucht. Aber er hatte es geschafft. Denn die Knobelaufgabe, die Marlon nicht lösen konnte, die musste erst noch erfunden werden.

56

Valerie schien das alles nicht ganz so logisch zu finden. Hätte er behauptet, diese Zahlen wären Geistersprache, hätte sie ihm bestimmt geglaubt. Aber so kapierte sie natürlich mal wieder gar nichts.

»Also pass auf, ich erklär's dir.« Marlon seufzte. Am besten ganz langsam, damit sie auch mitkam. »Welches Datum haben wir heute?«

Valerie dachte nach. »Den 24. Juni.«

»Den 24.6., richtig. Auf dem Zettel steht bei ›*lapis temporis*‹ der 21.6. 3 Tage davon abgezogen, ist der 18.6., und 3 Stunden davor, ist der 17.6. abends um 21.00 Uhr. 3 Tage dazu gerechnet, ist der 24.6., und noch 3 Stunden dazu ist der 25.6. nachts um 3.00 Uhr. Ergibt das nun einen Sinn oder nicht?«

Valerie blinzelte verwirrt. »Irgendwie schon. Und irgendwie auch nicht. Der 25.6., 3.00 Uhr − das ist heute Nacht. Was soll denn da passieren?«

»Das müssen wir eben herausfinden.«

»Und wie?«

Marlon machte eine Pause. Dann sagte er leise und verschwörerisch: »Dazu werden wir heute Nacht in den Dom gehen.«

Die Nacht im Dom

Marlons Wecker klingelte abends um Punkt elf Uhr. Er hatte ihn unterm Kopfkissen versteckt. Sicher war sicher. Natürlich schlief er trotzdem keine einzige Sekunde, und als der Wecker, vom Kopfkissen gedämpft, losrasselte, drückte er schnell auf den Aus-Knopf.

Lautlos zog er sich an und angelte den Rucksack unter seinem Bett hervor, in dem er alles verstaut hatte, was sie für das nächtliche Domabenteuer brauchten: das Pergamentpapier, das er vor der Säule gefunden hatte, eine Taschenlampe, ein Taschenmesser, Klebeband und eine dicke Schnur. Denn vielleicht würden sie heute Nacht ja einen Verbrecher überwältigen, einen Dieb oder Räuber, und dann mussten sie ihn auch knebeln und fesseln können, bevor sie ihn der Polizei übergaben.

Marlon schwang sich den Rucksack auf den Rücken und schlich zur Tür. In der Wohnung herrschte tiefe Stille, nur aus dem Schlafzimmer der Eltern drangen leise Schnarchgeräusche. Valerie stand schon fix und fertig angezogen im Flur, das unvermeidliche Legendenbuch unter den Arm geklemmt. Das schien sie wirklich zu lieben, obwohl es ja nun total sinnlos war für die Aufklärung ihres Falles.

»Okay, wir schnappen uns die Fahrräder und sausen los«, sagte Marlon mit leiser Stimme zu Valerie.

»Wohin?«, fragte jemand hinter ihnen mit ziemlich lauter Stimme.

Die Zwillinge fuhren herum. Da stand Sylvie im rosa Nachthemd und starrte sie neugierig an. Von ihrer Schulter herab blinzelte ein verschlafenes Mäuschen.

»Konntest du dich denn nicht leise aus deinem Zimmer schleichen?«, fuhr Marlon seine Schwester an.

»Ich war leise wie ein Luchs«, fauchte Valerie zurück.

»Wohl eher wie ein Elefant. Jetzt haben wir heute Nacht im Dom auch noch diese Nervsuse am Hals.«

»Was wollt ihr denn heute Nacht im Dom?«, übertönte Sylvie den Streit der Geschwister.

Die Schnarchgeräusche im Schlafzimmer verstummten.

»Pst!«, zischte Valerie. Gleichzeitig packte Marlon die beiden Mädchen und drängte sie zurück in ihr Zimmer. Sylvie hielt er kurzerhand den Mund zu. »Sei still, sonst kommen die Geister«, zischte er ihr ins Ohr. Sylvie antwortete mit ein paar halb erstickten Lauten.

Atemlos lauschten sie. Nach einer Ewigkeit setzten die Schnarchgeräusche im Schlafzimmer wieder ein.

»Jetzt nix wie los«, flüsterte Marlon. Sie tappten zur Wohnungstür. Aus lauter Angst, Sylvie könne in Gezeter und Gekreische ausbrechen, zerrte er sie mit sich, immer noch die Hand auf ihren Mund gepresst. Erst bei den Fahrrädern, die am Hinterausgang vor der Tür standen, lockerte er seinen Griff.

»Und was machen wir jetzt mit ihr?«, fragte Valerie mit einem kritischen Blick auf die barfüßige Cousine.

Sylvie schlotterten die Knie so sehr, dass ihr rosa Nachthemd zu flattern schien. »Ich geh nicht allein im Dunkeln die Treppe hoch«, sprach sie unter Zähnegeklapper. »Ich bleib nicht allein im Dunkeln zu Hause.«

»Dann bleibst du halt unter der Straßenlaterne sitzen«, sagte Marlon grob.

»Nein!«, heulte Sylvie auf.

Valerie schwang sich auf ihr Fahrrad. »Setz dich auf Marlons Gepäckträger«, wies sie Sylvie an.

»Bist du verrückt geworden?«, riefen Sylvie und Marlon gleichzeitig.

»Du kannst sie auch hier lassen«, sagte Valerie zu ihrem Bruder. »Dann wissen wir wenigstens, dass Papa und Mama in spätestens einer halben Stunde bei uns im Dom auf der Matte stehen.«

Marlon zog eine Grimasse. Valerie hatte Recht. Diese dämliche Cousine würde mit ihrem Gekreische innerhalb von Minuten die gesamte Straße alarmieren und ihren Geheimplan verraten. Wütend schubste er sie auf den Gepäckträger seines Fahrrads.

»Aber ich hab nur ein Nachthemd an«, jammerte Sylvie. »Und keine Schuhe.«

»Brauchst du auch nicht«, gab Valerie zurück. »Es ist eh viel zu heiß.«

»Außerdem hättest du dir das vorher überlegen können«, knurrte Marlon.

Sylvie wollte noch weiter protestieren, aber Marlon trat mit Schwung in die Pedale, und so klammerte sie sich nur erschrocken an ihn, um nicht rücklings vom Gepäckträger zu kippen.

Auf den Straßen war nicht mehr viel los. Nur ein paar Nachtschwärmer waren noch unterwegs. Zum Glück wunderte sich keiner von ihnen, warum um diese Zeit drei Kinder mit ihren Fahrrädern unterwegs waren und strampelten, als ginge es um ihr Leben – und noch nicht mal richtig angezogen waren.

»Ich Idiot!«, rief Marlon plötzlich und schlug sich gegen die Stirn. Das Fahrrad schlingerte. Sylvie wankte. »Was ist los?«, fragte Valerie und bremste scharf.

»Wir haben keinen Schlüssel!« Marlon hätte sich sonst wohin beißen können. An alles hatte er gedacht, nur an das Wichtigste nicht. Wie sollten sie denn jetzt in den Dom hineinkommen?

Valerie griff in die Tasche ihrer Shorts. »Wie wär's damit?«, meinte sie und klapperte mit einem Schlüsselbund. »Ich hab Mamas Schlüsselbund gemopst. Da ist alles dran. Ihr Schlüssel vom Domladen, der zum Südturm und auch der vom Haupteingang.«

»Genial!«, musste Marlon zugeben. Vor Erleichterung war er nicht einmal sauer, dass er nicht selbst auf diese Idee gekommen war.

Die Turmuhr schlug Mitternacht, als sie am Dom ankamen. Geisterstunde. Schweigend und mächtig ragte der Bau vor ihnen in der Dunkelheit auf, angestrahlt von Scheinwerfern, die ihn irgendwie fremd aussehen ließen. Sogar die Zwillinge waren beeindruckt. Valerie zitterten die Hände, als sie den Seitenflügel des Petersportals aufschloss. So spät in der Nacht waren sie noch nie hier gewesen. Nicht ohne Eltern und schon gar nicht, um irgendwelche unbekannten, dunklen Machenschaften aufzudecken.

Der Kirchenraum lag in tiefer Finsternis. Die Bayernfenster erstrahlten nicht in bunten Farben, sondern schimmerten nur matt. Die Steinfiguren an den Säulen im Mittelgang schienen doppelt so groß wie bei Tag, drohend ragten sie empor. Unwillkürlich fasste Valerie nach Marlons linker Hand. Von der anderen Seite tastete Sylvie nach seiner

Rechten und ohne Zögern griff Marlon zu. Jetzt war er froh, dass sie zu dritt waren. Je mehr, desto besser.

»Wir müssen in den Chorumgang«, flüsterte er. »Von dort aus können wir am besten die Christophorussäule bewachen.« Er war überzeugt, dass, was auch immer geschehen würde, an dieser Säule geschah.

Die Kinder schlichen durch den Kirchenraum. Ihre Schritte schienen in der Stille zu dröhnen, selbst Sylvies nackte Füße. Sie konnten nur hoffen, dass sie bisher noch allein waren und niemand sie hörte. Trotzdem wagten sie sich nicht direkt an die Christophorussäule, sondern nahmen den Umweg von der anderen Seite des Chorumgangs. Zum Glück hatte Valerie den gesamten Schlüsselbund von ihrer Mutter mitgenommen, denn erst einmal mussten sie das Chorgitter aufsperren. Leise quietschte die Tür in ihren Angeln, vorsichtig drückten sie gegen den mächtigen Flügel. Schritt für Schritt tappten sie vorbei an den einzelnen Chorkapellen mit den Grabmälern, bogen ins Rund, wo sich am Scheitelpunkt der Hochaltar mit dem Dreikönigsschrein befand.

Valerie musste an die Legende denken, wie die Gebeine der Heiligen Drei Könige nach Köln gekommen waren. Gestern hatte der Vater sie ihnen erzählt und sie hatte sich noch über Sylvie und ihre Geisterangst lustig gemacht. Jetzt, bei Nacht, hatte sie plötzlich selbst die verrücktesten Gedanken. Sie glaubte ein Knarren zu hören – war das vielleicht der Dreikönigsschrein, der sich öffnete? Und da! War da nicht ein trockenes Klappern gewesen – vielleicht die Gebeine, die sich regten? Und dann dieses Säuseln – war da vielleicht eine ruhelose Seele aus einer der Grabkammern gestiegen und huschte durch den Kirchenraum?

Valerie krallte ihre Finger in Marlons Hand. Nur nicht so einen Unsinn denken! Schließlich wusste sie doch, dass im Dom Fledermäuse und Tauben lebten, und die konnten schon mal Lärm machen. Und auch der Wind fing sich in dem hohen Kirchenraum … Doch die Bilder ließen sich nicht so einfach verjagen. Hatte sie nicht selbst gesagt, dieses Rätsel könne man nicht lösen wie eine Knobelaufgabe? Dieses Rätsel habe etwas mit den alten Geschichten zu tun?

»Marlon«, flüsterte sie, »wie sollen die denn eigentlich in den Dom kommen bei Nacht? Wo sollen die einen Schlüssel herhaben?«

»Der Gefängniswärter spielt hier doch Urlaubsvertretung für den Küster«, antwortete Marlon leise. »Der hat einen.«

»Und wenn wir uns geirrt haben? Wenn der gar nichts damit zu tun hat?« Valerie schwieg einen Moment und lauschte auf ihr pochendes Herz. »Oder wenn derjenige schon hier drin ist?«

»Quatsch«, würgte Marlon hervor.

Sylvie blieb stumm. Wahrscheinlich war sie sowieso schon halb tot vor Angst.

»Ich glaub nämlich … ich glaub …«, Valerie geriet ins Stottern. »Wenn es nun doch etwas mit den Legenden zu tun hat? Es gibt da so eine unheimliche Geschichte. Ich hab sie gestern in dem Buch gelesen …« Valerie zögerte, dann flüsterte sie weiter: »Dieser Dombaumeister Gerhard, der wurde damals beauftragt, innerhalb eines Jahres einen Bauplan für den Dom zu erstellen, aber er hat es einfach nicht hingekriegt. Er ist schon fast verzweifelt daran. Und dann ist er eines Tages nach einem Spaziergang am Rhein an einem Felsbrocken eingeschlafen, den man ›Teufelsstein‹ nannte. Als er wieder aufwachte, stand ein Fremder neben ihm und zeichnete ganz locker den ganzen Bauplan in den Sand. Meister Gerhard wollte ihn natürlich unbedingt haben. ›Gut‹, sagte der Fremde, ›du kannst ihn haben. Ich helfe dir, den Dom in nur drei Jahren zu bauen, und dafür bekomme ich dich, deine Frau und dein Kind. Sollte ich aber noch nicht fertig sein, wenn der erste Hahnenschrei der letzten Nacht ertönt, dann seid ihr frei.‹ Meister Gerhard dachte: Nicht einmal der Teufel kann das in so kurzer Zeit schaffen, und er schlug in den Handel ein.

Von da an ging alles ruck zuck. So schnell war noch nie ein Gebäude errichtet worden. Und der Dom war immerhin ein ziemlich großes Gebäude. Die Frau vom Dombaumeister fand das auch alles seltsam und fragte ihren Mann aus, und der gestand ihr schließlich den Handel. Sie war verzweifelt. Sollten sie etwa alle dem Teufel zufallen?«

Marlon starrte Valerie an. Sylvie hielt sich die Ohren zu. Valerie flüsterte weiter: »Eines Tages auf dem Markt sah ihr Sohn einen Hahn und versuchte sein Krähen nachzuahmen. Da kam der Frau die rettende Idee. Sie übte so lange, bis sie den Hahnenschrei konnte und alle anderen Hähne ihr antworteten. In der letzten Nacht, als das Morgengrauen nahte und gerade die letzte Turmspitze auf den Dom gesetzt werden sollte, begann sie lauthals zu krähen und alle anderen Hähne fielen ein. Da stürzte der Dom mit Getöse in sich zusammen und Meister Gerhard und seine Familie waren vor dem Teufel gerettet.«

Valeries Flüstern erstarb. Marlon spürte, dass ihm alles Blut aus dem Gesicht gewichen war. Er sah bestimmt selbst aus wie ein Geist. Verdammt, was erzählte seine Schwester da für einen Mist? So was konnte man doch nicht ernst nehmen. Oder? Mühsam riss er sich zusammen. »Spinnst du jetzt komplett? Denkst du, der Teufel persönlich kommt heute Nacht durch die Säule und rächt sich, oder was?«

»Ja ... nein ... also nicht der Teufel«, stotterte Valerie. Sie wusste selbst nicht mehr, was sie denken sollte. »Aber irgendjemand, der was mit dem Dombaumeister zu tun hat. Warum sollte sonst ...« Valerie verstummte mitten im Satz. Ihr Bauchnabel zog so heftig, dass sie sich krümmte.

Und dann sahen sie ihn. Er war nur ein Schatten neben der Christophorussäule, aber er war da. Der Mann, den sie neulich bei Tag verfolgt hatten. Der Mann mit den seltsamen Klamotten. Der Mann, der in der Säule verschwunden war.

Jetzt war er wieder da. Aber wo war er so plötzlich hergekommen?

Aus der Säule, dachte Valerie mit bebenden Lippen. Er ist aus der Säule gekommen.

Noch lag seine Hand auf der Säule. Er schaute sich um. Dann zog er die Hand zurück und ging langsam, sich dabei immer wieder nach allen Seiten umsehend, Richtung Mittelgang.

Auf Zehenspitzen bewegten sich die Kinder aus dem Chorumgang heraus, um ihm zu folgen.

In diesem Augenblick riss Sylvie ihre Hand aus Marlons. Sie tastete nach ihren Schultern. »Minimaus«, stieß sie hervor. »Sie ist weg!«

Der Mann blieb abrupt stehen. Sylvie hatte nicht einmal besonders laut gesprochen, aber in der stillen nächtlichen Kirche hallte ihre Stimme wie durch ein Megafon. Man musste taub sein, um sie nicht zu hören. Und der Mann war nicht taub. Er war auch nicht blind oder lahm oder irgendwie schwer von Begriff. Mit einem Blick erfasste er seine Lage: Die Kinder waren hinter ihm her. Er machte eine scharfe Kehrtwendung, rannte zur Balustrade und stieg über die Absperrung.

Genau wie vorgestern, dachte Marlon. Vorgestern war der Mann ihnen entkommen, indem er ins abgesperrte Chorgestühl gelaufen war, und genau das versuchte er nun erneut. Aber vorgestern war heller Tag gewesen, im Kirchenraum hatten sich Besucher aufgehalten und die Mutter war auch nicht weit entfernt. Da hatten sie sich an die Regeln halten und »respektvoll« benehmen müssen. Jetzt war tiefe Nacht und niemand würde sich aufregen, wenn sie eine Regel übertraten. Außerdem war dies eine Notsituation, und da galten sowieso andere Regeln. Sie mussten schließlich den Dom vor einer unbekannten Bedrohung schützen!

Und so schöpfte Marlon einmal tief Atem, straffte die Schultern und machte einen großen Schritt über die Balustrade hinweg.

»Aber da dürfen wir nicht rein!« Das war Sylvie.

»Betreten verboten!« Das war Valerie.

»Na und?« Marlon sprach viel cooler als er sich fühlte. »Sieht doch eh keiner. Und er darf uns nicht noch mal entwischen.«

Letzteres schien Valerie zu überzeugen. Eilig folgte sie Marlon über die Absperrung. Sylvie, die nicht als einzige zurückbleiben wollte, sprang mit einem Riesensatz hinterher, der ihr rosa Nachthemd hochfliegen ließ. »Minimaus«, jammerte sie dabei vor sich hin, »Minimaus, wo bist du nur?«

Gerhard von Ryles Geschichte

Vorsichtig bewegten sich die Kinder um den Hochaltar herum in das Chorgestühl hinein. Das Gitter, das sie vom Chorumgang trennte, erschien Valerie auf einmal wie ein Gefängnisgitter. Die geschnitzten Holzfiguren an den 104 Sitzen des Gestühls schnitten wilde Grimassen, sie wirkten dämonisch in der Dunkelheit. Und dazwischen huschte diese Gestalt, dieser Dämon aus der Unterwelt, dieser Teufel aus der Vergangenheit oder was auch immer er sein mochte. Wie brachte ihr Bruder nur den Mut auf, ihm immer noch weiter zu folgen?

Aber Marlon achtete nicht auf sein vor Aufregung rasendes Herz. Unbeirrt lief er hinter der schattenhaften Gestalt her. Mit einer Hand zog er sich dabei den Rucksack von der Schulter und angelte nach dem Seil. Das würde er brauchen. Das war ihre einzige Chance, den Mann, der viel stärker war als sie, zu überwältigen.

Der Mann merkte, dass er seine Verfolger nicht abschütteln konnte und begann zu rennen. Marlon ahnte, was er vorhatte: Da ihm der Rückweg abgeschnitten war, wollte er ans Ende des Chorgestühls und versuchen, dort über das Gitter zu klettern. Sie mussten schneller sein! Sie mussten ihn vorher stoppen! Doch der Mann schien zu fliegen.

Er streckte sich schon und reckte die Arme nach dem rettenden Gitter. Doch in diesem Augenblick schienen sich seine Beine zu verknoten. Er stolperte, machte eine seltsame Drehung im Flug, verrenkte den Körper und schlug schließlich der Länge nach hin.

Wie gut, dass Marlon das Seil bereits aus dem Rucksack geholt hatte. Ehe der Mann sich auch nur regen konnte, waren die Kinder über ihm und fesselten ihm Hände und Füße. Zwischen seinen festgezurrten Gliedmaßen trippelte eine kleine weiße Maus und schnupperte.

»Minimaus!«, rief Sylvie entzückt.

»Er ist über Minimaus gestolpert«, keuchte Valerie.

Marlon zog einen letzten Knoten. Sein Herz raste immer noch vor Aufregung. »Wer sind Sie?«, fragte er atemlos. »Wie heißen Sie?«

»Ich heiße Gerhard«, antwortete der Mann. »Gerhard von Ryle.«

Mit großen Augen starrten die Kinder auf das verschnürte Bündel zu ihren Füßen.

»Gerhard von Ryle«, wiederholte Marlon ungläubig.

»Der erste Kölner Dombaumeister«, flüsterte Valerie.

»Das geht doch gar nicht«, stotterte Sylvie. »Der ist doch längst tot.«

Aber dieser Gerhard von Ryle, wenn er denn wirklich so hieß, war höchst lebendig. Er war sogar noch ziemlich jung, um die zwanzig Jahre alt vielleicht. Er wand und krümmte sich und zerrte an seinen Fesseln. »Bitte«, flehte er die Kinder an, »bindet mich los. Der Dom ist in Gefahr!«

»Das ist er«, antwortete Marlon finster. »Weil Sie ihn in Gefahr bringen.« Langsam wich die Angst von ihm und er konnte wieder atmen, ohne diesen Druck auf der Brust zu spüren. Sie hatten gewonnen! Sie hatten den Mann überwältigt! Aus der Nähe und eingeschnürt sah er gar nicht mal so gefährlich aus. Jetzt mussten sie nur noch herausfinden, wer er wirklich war. Und was er vorgehabt hatte. »Gestehen Sie! Welches Verbrechen wollten Sie begehen?«

»Doch nicht ich!«, rief der Mann. Die Turmuhr schlug zur vollen Stunde: Es war ein Uhr. Er stöhnte auf. »Mir bleiben nur noch zwei Stunden. Bindet mich los! Lasst mich gehen!«

»Niemals«, schwor Marlon. »Sie sind ein Lügner und Verbrecher! Sagen Sie uns Ihren richtigen Namen.«

»Ich bin Gerhard von Ryle«, wiederholte der Mann mit verzweifelter Miene.

»Marlon, er ist es«, flüsterte Valerie, die Hand auf den Bauch gepresst. »Du musst ihm glauben.«

Marlon schnaubte. Der Dombaumeister aus dem 13. Jahrhundert – wie sollte der denn hierher kommen, zu ihnen ins 21. Jahrhundert? Diesen Bären konnte der Mann vielleicht seiner leichtgläubigen Schwester aufbinden oder seiner dummen Cousine. Die glaubten ja auch, dass Menschen in Säulen verschwanden. Aber ihn sollte der Kerl verschonen mit solchen Märchen. Zum Glück glaubte er nämlich nur an Fakten und logisches Denken. Und dank genau dieser Fähigkeiten hatte er ja auch die Hinweise auf dem Pergament entschlüsselt, sie hierher geführt und schließlich den Mann überwältigt.

»Ich bin nicht der Dombaumeister«, sagte der Mann jetzt auch. Marlon ballte schon triumphierend die Faust. Also doch! Gab er es endlich zu! Da fuhr der Mann fort: »Ich bin sein Sohn.«

»Du musst ihm glauben«, wiederholte Valerie. »Lass ihn seine Geschichte erzählen. Dann wissen wir alles.«

»Also gut«, knurrte Marlon. Da war er ja nun gespannt, was dieser angebliche Gerhard ihnen für eine Lügengeschichte auftischen würde.

»Mein Vater ist der erste Dombaumeister von Köln«, begann Gerhard von Ryle. »Viele Bauleute haben sich um den Auftrag gerissen, zu Ehren der Heiligen Drei Könige einen neuen Dom zu bauen. Schließlich bedeutete das Arbeit über

Jahre hinaus, und damit auch für lange Zeit einen sicheren Verdienst und ein Dach über dem Kopf. Aber mein Vater ist der Beste von allen. Er kennt sich in der französischen Baukunst aus. Und da man eine Kathedrale im gotischen Stil bauen wollte wie die Franzosen, entschied man sich für ihn.«

Das klang gut. Das klang echt. Das war bloß alles mehr als 750 Jahre her, und deshalb konnte es nicht stimmen.

»Es gab viele Neider, die meinem Vater den Auftrag nicht gönnten«, fuhr Gerhard fort. »Manche murrten, da sei es nicht mit rechten Dingen zugegangen, und ähnlichen Unsinn. Aber schließlich mussten sie doch kleinlaut zugeben, dass er seine Sache gut macht und sie es nicht besser gekonnt hätten. Nur einer, Hermann, wollte sich nicht zufrieden geben. Immer von neuem versuchte er Unruhe zu stiften.«

Valerie richtete sich bei diesen letzten Worten kerzengerade auf. Es hatte einen Widersacher gegeben! Der Dombaumeister Gerhard hatte einen Gegenspieler, einen Feind gehabt. »Was hat dieser Hermann getan?«, fragte sie.

»Hinter dem Rücken meines Vaters hat er Lügen verbreitet. Dann verschwanden Baugeräte. Steine wurden umgestürzt, Säulen niedergerissen. Man munkelte sogar, Hermann habe die Hand im Spiel gehabt, als der Alte Dom beim Abriss komplett abgebrannt ist.«

»Hermann war es also, der den Dom abgefackelt hat«, sagte Sylvie tief beeindruckt.

»Nun ja«, meinte Gerhard, »das konnte man ihm nie nachweisen. Schließlich war es eine Sturmnacht mit Blitz und Donner, und sehr wahrscheinlich hatte er wirklich nichts damit zu tun. Aber in jedem Fall kam es Hermann recht. Seit mein Vater den Auftrag bekommen hatte, war er nur noch darauf aus, dessen Werk zu zerstören, so zerfressen war er von Hass auf ihn. Es wurde für ihn zu einer Art Lebensaufgabe.«

»Er wollte den Dom zerstören«, murmelte Valerie. Jetzt wurde ihr endlich klar, worum es ging. »Und für dieses Ziel hat er sich sogar in unsere Zeit gewagt.«

Marlon schüttelte den Kopf. Doch Gerhard nickte. »Als er eines Tages aus Köln verschwand, dachten wir, er habe es nun endlich aufgegeben. In Wahrheit suchte er eine Möglichkeit, dem Werk meines Vaters viel wirkungsvoller zu schaden. Mit Mitteln, die bei uns kein Mensch kennt. Die, so muss er sich in seinem hasserfüllten Hirn gedacht haben, konnte er nur in der Zukunft finden. Also begann er durch die Welt zu reisen, auf der Suche nach jemandem oder nach etwas, das die Gabe besaß, ihn in die Zukunft zu versetzen.« Gerhard unterbrach sich und zerrte an seinen Fesseln. »Bitte, könnt ihr die nicht losbinden? Sie schneiden mir ins Handgelenk.«

Valerie zögerte und warf Marlon einen fragenden Blick zu. Doch der reagierte nicht. »Weiter«, drängte er.

Gerhard seufzte und fuhr fort: »Ich bin später seinen Spuren gefolgt, er muss überall auf der Welt gewesen sein. Er ist vielen Scharlatanen begegnet, die ihm einen Haufen Geld abknöpften und dafür irgendwelchen Unsinn erzählten, wie er in die Zukunft reisen könne. Doch schließlich stieß er irgendwo in einem fernen östlichen Land auf einen Magier. Der gab ihm einen Stein. Auf den ersten Blick war es ein ganz unscheinbarer Steinbrocken.«

Marlon riss die Augen auf. »*Lapis temporis!* Der Stein der Zeit!« Und plötzlich wusste er alles. Hermann muss mit diesem Stein im Gepäck zurück nach Köln gekehrt sein, dann hatte er diesen Stein zwischen die anderen geschmuggelt und dafür gesorgt, dass er im Dom mit verbaut wurde. Mit seiner Hilfe war er zum Zeitreisenden geworden, war er in die heutige Zeit gelangt. Gerhard war ihm gefolgt und den Kindern mit seinen seltsam altertümlichen Klamotten aufgefallen. Als er gemerkt hatte, dass sie ihm durch den Dom hinterher schlichen, hatte er Angst bekommen. Und da war er mit Hilfe des Steins einfach zurück in die Vergangenheit geschlüpft. Deshalb hatte es so ausgesehen, als sei er in der Säule verschwunden. Der Stein der Zeit steckte in der Christophorussäule, und wenn man ihn berührte, dann gelangte man in eine andere Zeit.

Eigentlich, fand Marlon, war das doch alles total logisch. Er sagte: »Es gibt ein bestimmtes Zeitfenster. Nur innerhalb dieser Tage und Stunden ist es möglich, die Zeit, in der man steckt, zu verlassen. Drei Tage und drei Stunden vor dem 21.6. bis drei Tage und drei Stunden nach dem 21.6.«

»Das stimmt«, bestätigte Gerhard erstaunt. »Woher weißt du das?«

»Ach«, meinte der Junge, »das steht doch alles auf dem Pergament, das ich vor der Säule gefunden habe. Ein bisschen Knobeln und ich hatte es raus. Wenn etwas logisch ist, kriege ich es immer raus.« Er zögerte. »Aber warum gerade der 21.6.?«

»Am 21.6. ist Sommersonnenwende«, erklärte Gerhard. »So hat es der Magier gesagt: Jeweils drei Tage und drei Stunden vor und nach der Sonnenwende. Es hat ein bisschen gedauert, bis ich herausgefunden hatte, was das in eurer Zeitrechnung bedeutet.«

»Deshalb haben Sie es aufgeschrieben.« Marlon zog das Pergament mit den krakeligen Zahlen und den übereinander gezeichneten Grundrissen aus seiner Hosentasche. Jetzt wusste er auch, warum das alles aussah, als habe es ein Erstklässler geschrieben. Gerhard waren diese Zeichen aus seiner Zeit nicht bekannt. »Sie haben es vor der Säule verloren.«

Gerhard schaute auf die Zeichnung. »Nein. Das war nicht ich. Das habe nicht ich geschrieben.«

Aufgeregt sahen die Kinder sich an. Wenn es nicht Gerhard gewesen war, dann musste es der Böse gewesen sein. Hermann. Derjenige, dessen einziges Ziel es war, den Dom zu zerstören.

»Der Gefängniswärter«, platzte Sylvie heraus. Die anderen hatten ihre Anwesenheit schon fast vergessen, denn ausnahmsweise hatte sie die ganze Zeit nur stumm dagesessen, wie ein rosa Schimmer in der Dunkelheit. Als sie jetzt sprach, fuhren die anderen zusammen. Was sagte sie da?

»Der Gefängniswärter«, wiederholte Sylvie. »Er ist dieser Hermann.«

»Ein Gefängniswärter? Was ist das?«, fragte Gerhard.

»Das ist kein richtiger Gefängniswärter«, sagte Valerie. »Wir nennen ihn nur so, weil er diese Kirche bewacht wie ein Gefängnis und uns immer verjagen will.«

»Er ist der Mann, der Urlaubsvertretung für unseren Küster Herrn Schröder macht«, erklärte Marlon. Dass mit dem etwas nicht stimmte, hatte er ja gleich gemerkt. Er hatte nur die falsche Schlussfolgerung gezogen. Er hatte gedacht, der Gefängniswärter und der Mann, der sich jetzt als Gerhard von Ryle entpuppt hatte, würden zusammen arbeiten und gemeinsam etwas Schlimmes planen. Das war ein Irrtum gewesen. »Wie hat Hermann es nur geschafft, das alles einzufädeln und sich hier so gut zurecht zu finden?«

»O, das hat er von langer Hand geplant«, sagte Gerhard. »Ich habe das ja alles erst entdeckt, als ich rein zufällig mitbekam, wie er in der Säule verschwand. Ich kann gar nicht sagen, wie erschrocken ich war. Nachdem er zuvor jahrelang untergetaucht war, konnte das nichts Gutes bedeuten. So habe ich nachgeforscht. Und habe schließlich den Magier gefunden, der mir vom Stein der Zeit erzählte. Drei Tage und drei Stunden vor der Sonnenwende wagte ich es – ich kam durch das Zeitfenster hierher. Doch alles hier verwirrte mich und machte mir Angst. Hermann war mir da um einiges voraus. Er muss schon ein halbes Dutzend Male hier gewesen sein, jedes Jahr von neuem. So hatte er Zeit, den heutigen Dom kennen zu lernen ...«

»Er hat auf das Pergament über den alten Grundriss den neuen gezeichnet«, warf Valerie dazwischen.

Gerhard nickte. »Er hat eure Zahlen und euren Kalender gelernt. Er hat sich Kleidung besorgt, wie sie hier getragen wird. Offensichtlich ist es ihm auch gelungen, sich im Dom eine Arbeit zu verschaffen.«

»Vielleicht ist es ihm auch schon gelungen, alle Vorbereitungen für die Zerstörungen des Doms zu treffen.« Valeries Stimme zitterte, als sie das sagte. Nicht nur, dass sie gerade mitten im Dom saßen, nicht nur, dass ihre Eltern hier arbeiteten und er irgendwie zu einer Art zweites Zuhause für sie geworden war – Köln, die Stadt in der sie lebte, ohne den

Dom, das war für sie überhaupt nicht vorstellbar.

»Ja, vielleicht ist er mit seinen zerstörerischen Vorbereitungen schon kurz vor dem Ende«, sagte Gerhard.

Bei diesen Worten griff Marlon nach seinem Rucksack und holte sein Taschenmesser heraus. Mit einer entschlossenen Bewegung schnitt er die Fesseln an Gerhards Armen und Beinen durch. Gerhard stöhnte und reckte sich. »Das tut gut!«

»Und jetzt lasst uns gemeinsam Hermanns Pläne aufdecken und durchkreuzen«, sagte Marlon feierlich. »Wir sind zu viert. Wir können es schaffen!«

»Wir sind zu fünft«, korrigierte Sylvie. »Du hast Minimaus vergessen.«

Das stimmte. Auch Minimaus hatte ihren Anteil an diesem Abenteuer, denn ohne sie wäre Gerhard ihnen entkommen und sie hätten nie seine Geschichte erfahren.

In diesem Augenblick schlug die Turmuhr. Es war zwei Uhr. Ihnen blieb zur Rettung des Doms noch genau eine Stunde Zeit.

Im Turm

Die Uhr tickte. Die Minuten verstrichen. Marlons Gedanken rasten. Jetzt hieß es also nicht nur, eine Knobelaufgabe zu lösen, sondern sie auch noch in Rekordgeschwindigkeit zu lösen.

»Wir müssen die Portale bewachen«, bestimmte er hastig. »Sowie Hermann den Dom betritt, überwältigen und fesseln wir ihn. Kurz vor drei Uhr nimmt Gerhard ihn durch die Säule mit zurück in seine Zeit.«

»Und wenn er schon im Dom ist?«, wandte Valerie ein.

Diese Frage hatte Marlon sich insgeheim auch gestellt, aber er antwortete voller Überzeugung: »Das kann gar nicht sein. Dann hätten wir ihn doch längst bemerken müssen. Sylvie, Valerie und ich gehen zur Seitentür am nördlichen Querschiff. Gerhard, du übernimmst den Haupteingang an der Westfassade mit dem Petersportal.« Das »Du« rutschte ihm völlig selbstverständlich über die Lippen. Schließlich waren sie jetzt ein Team.

»Und die Portale auf der Südseite?«, fragte Gerhard.

»Da kann er gar nicht so einfach rein. Die sind schon seit mindestens zehn Jahren kunstvoll vergittert, um sie vor Schmierereien zu schützen. Los jetzt!« drängte Marlon.

Eilig verließen sie das Chorgestühl und rannten durch den Kirchenraum. Gerhard begab sich zum Haupteingang, die Kinder zum Ausgang auf der Bahnhofsseite. Valeries Herz schlug schnell. Hoffentlich kam Hermann durch das Petersportal und nicht durch die Seitentür. Sie hatte Angst vor ihm. Am liebsten wäre sie jetzt einfach nach Hause gegangen, hätte sich in ihrem Bett verkrochen und die Decke über den Kopf gezogen. Sie wollte schlafen. Sie wollte, dass dies alles nur ein schlimmer Traum war.

»Ich hör was«, flüsterte Marlon.

Valerie lauschte angestrengt. Da war nur ein Rascheln. Minimaus, die versuchte, unter Sylvies rosa Nachthemd zu krabbeln. Doch dann hörte sie noch etwas: Es klang wie ein leises Schlurfen. Als setze jemand ganz vorsichtig seine Füße auf die Erde. Hermann, wollte sie sagen. Der Gefängniswärter. Doch ihre Stimme versagte. Wo kam er so plötzlich her? War er doch schon in der Kirche gewesen?

Doch Marlon wusste es besser. Der Domladen! Von dort gab es ebenfalls einen Zugang in den Innenraum des Doms und Hermann besaß als Vertreter des Küsters natürlich auch einen Schlüssel davon. Innerlich fluchte Marlon über seine Blödheit. Wie hatte er das nur vergessen können!

»Ihm nach!«, flüsterte er.

Das Schlurfen stockte.

»Er hat uns bemerkt!« Wieder überkam Valerie der Wunsch, einfach davonzulaufen. Neben sich spürte sie Sylvie zittern.

Doch nun half alles nichts mehr. Sie mussten zum Angriff übergehen. Marlon nahm die Taschenlampe, die schwer in seiner Hand wog, und schaltete sie ein. Der Lichtstrahl fiel auf die schmalen, hohen Kirchensäulen, irrte über verlassene Kirchenbänke und blieb an einer Gestalt hängen, die mitten in der Bewegung erstarrte. Ihr rechter Arm baumelte, als zöge daran ein schweres Gewicht.

»Wir wissen, wer Sie sind!« Marlons Stimme schallte laut durch den Kirchenraum. »Wir wissen, was Sie vorhaben! Geben Sie auf!«

Hermann schaute rasch zu den Kindern herüber, dann bückte er sich und nestelte an irgendetwas herum.

Minimaus schnupperte. Sylvie zog die Nase kraus. »Hier stinkt's«, verkündete sie.

Es stank wirklich. Ein beißender, unangenehmer Geruch überdeckte den sanften Weihrauchduft, der noch von der letzten Abendmesse in der Luft gelegen hatte. Wie an einer Tankstelle, dachte Marlon unwillkürlich. Und dann wurden ihm die Knie weich, als er endlich begriff, was Hermann vorhatte.

»Er hat einen Benzinkanister bei sich!«, brüllte er.

»Er will schon wieder den Dom abfackeln!«, schrie Sylvie.

In Hermanns Hand blitzte die Flamme eines Feuerzeugs auf.

Marlon überlegte keine Sekunde. Mit einer gezielten Bewegung schleuderte er seine Taschenlampe. Es gab einen dumpfen Schlag und ein Aufstöhnen. Hermann krümmte sich, ließ das Feuerzeug fallen und griff sich an den Kopf. Die Flamme erlosch.

Marlon hatte getroffen. Er hatte Hermann mit der Taschenlampe am Kopf erwischt und das Schlimmste verhindert.

Doch noch war es nicht vorbei. Noch war Hermann auf freiem Fuß, und so lange konnte er dem Dom auch gefährlich werden. Er brauchte nur das Feuerzeug irgendwo unter den Kirchenbänken wieder zu finden oder ein Ersatzfeuerzeug in der Tasche haben ...

Marlon dachte den Satz nicht zu Ende, sondern spurtete los. Die beiden Mädchen folgten ihm. Vom Petersportal nahte nun auch Gerhard. Hermann, die Hände an den Kopf gepresst, stolperte auf die Christophorussäule zu.

Die Turmuhr schlug viertel nach zwei.

»Haltet ihn auf!«, rief Marlon. Wenn Hermann ihnen durch die Säule entkam, dann hatten sie nur einen Aufschub erreicht. Dann konnte er nächstes Jahr zur Sonnenwende wieder kommen und erneut sein Unwesen treiben.

Die Kinder und Gerhard fassten sich an den Händen und liefen gemeinsam zur Säule, um Hermann den Weg abzuschneiden. Schnaufend blieb er stehen, die Hände noch immer auf den Kopf gepresst. Dort, wo die Taschenlampe ihn getroffen hatte, wuchs eine dicke Beule. Sie sah aus wie ein Horn. Seine Augen waren nun nicht mehr tot und grau, sondern fahl und wässrig. Er wirkte benommen. Das kam sicher von dem Schlag mit der schweren Taschenlampe. Dennoch erkannte er, dass er keine Chance hatte, durch die Säule zu entfliehen, dass die Kinder und Gerhard immer näher kamen und ihn einkreisen wollten. Er drehte sich um und taumelte zurück in Richtung Petersportal.

»Er will durchs Petersportal fliehen! Aber wir kriegen ihn.« Marlon raste durch den Mittelgang zwischen den Kirchenbänken hindurch. Er war schneller als der benommene Hermann. Er war als erster am Petersportal.

Hermann sah ihn mit seinen schwimmenden Augen an, machte eine Kehrtwendung und floh in Richtung Südturm.

Als hätte der Teufel persönlich ihm neue Kräfte verliehen, sperrte er blitzschnell die schwere Tür auf und stieß sie krachend hinter sich zu.

»Verdammt«, fluchte Marlon. Woher nahm dieser halb betäubte Hermann nur die Kraft, sich immer noch ihrem Zugriff zu entziehen? Aber ganz klar konnte er nicht mehr im Kopf sein, sonst hätte er gewusst, dass er in eine Sackgasse rannte.

Marlon stemmte sich gegen die schwere Eisentür, schon war er dicht hinter ihm und flog die Stufen der mittelalterlichen Wendeltreppe hinauf. Wie eine Spirale drehte sie sich nach oben. Unwillkürlich begann Marlon zu zählen: Eins, zwei, drei, vier ... 509 Stufen waren es, wie er wusste. Eine unendliche Anzahl, und nie würde er sie schaffen, ohne einen Drehwurm zu bekommen.

Er begann zu keuchen und nach Luft zu ringen, doch er blieb nicht stehen. Er durfte sich nicht abschütteln lassen, er musste weiter. Immer weiter. Wie durch einen Nebel hörte er die Schritte der anderen hinter sich. Die Muskeln in seinen Beinen begannen zu zittern. Seine Lunge brannte. Nicht stehen bleiben. Weiter. Vor seinen Augen funkelten Sternchen.

Ihm war, als höre er Stimmen. Die Stimme seiner Mutter, die sagte: »Der Südturm ist sieben Zentimeter kleiner als der Nordturm. Aber er ist 150 Jahre älter. Mit dem Bau des Nordturms hatte man nämlich erst Anfang des 16. Jahrhunderts begonnen, mit dem Südturm dagegen schon 1360. Als man 1528 ganz mit dem Dombau aufhörte, war er 57 Meter hoch. Viele Maler haben den Turm mit seinem hölzernen Baukran auf ihren Bildern verewigt ...«

Marlon schüttelte den Kopf, um die belehrende Stimme zu vertreiben. Er durfte nicht stehen bleiben. Er musste weiter.

Er kam an einer Tür vorbei. Dann noch eine Tür. Und eine dritte. Sie waren alle verschlossen. Dahinter befanden sich 27 Meter hohe Hallen, die auch wie Kirchen aussahen. Sie waren für die normalen Besucher nicht zugänglich, aber Marlon hatte sie sich schon anschauen dürfen. Weiter. Ins zweite Obergeschoss hinauf, zum Glockenstuhl. Acht große Glocken hingen hier und die schwerste war mit 24 Tonnen die Petersglocke, der »Dicke Pitter«, die größte schwingende Glocke der Welt. Sie war einige Jahre nach dem Ersten Weltkrieg als Ersatz für die Kaiserglocke gegossen worden, die man im Krieg eingeschmolzen hatte, um Geschütze aus ihr zu machen.

Hinter sich hörte Marlon die anderen die Treppe hinaufkeuchen. »Ich kann nicht mehr«, stöhnte Sylvie. Valerie sparte sich ihren Atem. Hermann stolperte um die Glocken herum, als er merkte, dass er seine Verfolger immer noch nicht abgeschüttelt hatte, und floh weiter, die Treppe hinauf ins vierte Geschoss, zur offenen Turmhalle.

Während Marlon sich hinterher quälte, setzte die Stimme in seinem Kopf wieder ein: »In der Mitte der Turmhalle ist ein großes Loch, das durch einen so genannten Schlussstein abgedeckt wird. Wenn man ihn wegnimmt, kann man mit einem Flaschenzug alles hochziehen, was man möchte. So wurde auch die Petersglocke nach oben gezogen.«

Erneut schlug dröhnend die Turmuhr. Es war halb drei.

Hermann taumelte japsend weiter, nun über eine Eisentreppe, die frei in einem hohen Raum stand. Sie war ver-

84

gittert, genau wie die unverglasten Fenster, damit niemand herunterfallen konnte.

»Um die Domglocken zu läuten, brauchte man früher 52 starke Männer, die zur Glockenstube hinaufklettern und sich an die Seile hängen mussten«, fuhr die Stimme in Marlons Kopf fort. »Doch seit fast 100 Jahren geht es ganz einfach auf Knopfdruck mit einer elektrischen Läutmaschine.«

»Sei still!«, schrie Marlon. Er japste nach Luft. Ihm war schwindelig. Durch die Sternchen, die vor seinen Augen tanzten, sah er, wie Hermann den Schlussstein des Sterngewölbes durchstieg, die letzten elf Stufen erklomm und die Aussichtsplattform erreichte.

Und jetzt hatten sie ihn. Jetzt konnte er weder vor noch zurück. In Panik schaute er sich um, ohne jeden Blick für die herrlich funkelnden Lichter der nächtlichen Stadt, die zu ihren Füßen lag. Marlon angelte nach dem Seil, das er immer noch im Rucksack bei sich trug. Hermann saß in der Falle. Endgültig.

Die Heimkehr

Die Turmuhr hatte längst viertel vor drei geschlagen, als die Kinder und Gerhard mit dem gut verschnürten Hermann wieder unten ankamen. Es war erstaunlich leicht gewesen, ihn zu viert auf der Aussichtsplattform zu überwältigen. Seine Gegenwehr war nur noch kläglich. Nach dem Schlag auf den Kopf hatte ihm die Jagd auf den Turm wohl den Rest gegeben. Trotzdem hatten sie ihm zur Sicherheit nicht nur Arme und Beine gefesselt, sondern auch noch den Mund mit Klebeband verschlossen.

Mit vereinten Kräften schleppten sie ihn nun zur Christophorussäule.

»Was geschieht jetzt mit ihm?«, fragte Valerie, immer noch nach Luft schnappend. Sie hatte den inständigen Wunsch, diesen Mann nie wieder in ihrem Leben sehen zu müssen. Aber sie war auch froh, dass sich Hermann nicht vom Turm gestürzt hatte, so wie es in der Legende geheißen hatte, in der der Teufel den Dombaumeister Gerhard mit in die Hölle genommen haben soll. Am liebsten hätte sie dessen Sohn Gerhard, der ja nun vor ihr stand, diese Legende erzählt und ihn nach der Wahrheit gefragt ... aber das ließ sie wohl besser bleiben.

»Ich werde dafür sorgen, dass er bei uns vor Gericht gestellt wird«, sagte Gerhard. »Er wird eine hohe Strafe bekommen. Ihr könnt sicher sein, er wird keinen Schaden mehr anrichten können.«

Valerie atmete auf.

Sie waren vor der Säule angekommen. Gerhard schulterte das verschnürte Bündel Hermann. »Ich muss jetzt zurück«, sagte er. »Ich danke euch für die Hilfe. Ohne euch stünden vom Dom vielleicht gerade mal noch die Mauern. Der ganze Innenraum wäre durch ein verheerendes Feuer zerstört worden. Ihr habt ihn gerettet.«

»Ohne dich hätten wir das aber auch nicht geschafft«, sagte Marlon verlegen.

»Wir waren eben gemeinsam stark«, meinte Sylvie und diesmal fand keiner, dass sie Unsinn redete.

»Komm doch mal wieder«, sagte Marlon, der gerne noch mehr über Gerhard und seine Zeit erfahren hätte. »Nächstes Jahr zur Sommersonnenwende oder so.«

»Oder ihr kommt mich mal besuchen«, schlug Gerhard vor.

»Du musst gehen«, drängte Valerie. »Sonst verpasst du noch das Ende des Zeitfensters und musst ein ganzes Jahr hier bleiben.« Und Hermann auch, dachte sie mit einem Schauder.

»Ich will aber noch was wissen«, sagte Sylvie. »Was wolltest du neulich eigentlich von meinem Koffer und Minimaus?«

Gerhard schaute sie verständnislos an. »Dein Koffer? Minimaus?«

Marlon und Valerie kicherten. Na klar, Sylvie hatte sich das alles nur eingebildet. Sie hatten es ja gewusst. Gerhard

hatte es damals, am ersten Tag von Sylvies Besuch, natürlich nicht auf ihren Koffer und ihre Maus abgesehen gehabt.

Aber so war sie eben, ihre komische Cousine.

Die Turmuhr begann zur vollen Stunde zu schlagen. »Schnell!«, schrie Valerie. »Das Zeitfenster schließt gleich!«

»Auf Wiedersehen!«, rief Gerhard und »Auf Wiedersehen!«, riefen die Kinder. Und noch ehe die Uhr den dritten Schlag getan hatte, hatte Gerhard die Hand ausgestreckt und die Säule berührt.

Im nächsten Moment standen die Kinder allein in der Kirche.

»Er hat es geschafft«, sagte Marlon mit schwankender Stimme. »Er ist wieder zu Hause.« Ihm war zumute, als habe er einen guten Freund verloren.

»Wir sollten auch nach Hause gehen«, sagte Valerie und gähnte. »Ich bin hundemüde.«

Aber zuerst mussten sie noch den Benzinkanister in Sicherheit bringen. Sie schraubten sorgfältig den Verschluss wieder zu und trugen ihn zurück in den Domladen. Die Mutter und ihre Kollegen würden sich morgen zwar wundern, woher auf einmal der Benzinkanister kam, aber sie würden ihn auf jeden Fall sicher entsorgen.

»Hier sind noch mehr!«, rief Valerie.

»Der wollte wirklich ganze Arbeit leisten«, knurrte Marlon. Die Dommauern und ihre schützenden Bleidächer zu zerstören, das wäre Hermann so zwar nicht gelungen – aber wenn er das Benzin im ganzen Innenraum verteilt und angezündet hätte, er hätte ein verheerendes Feuer angerichtet. Alle in der Kathedrale über Jahrhunderte angehäuften

Kostbarkeiten wären auf ewig vernichtet, aus dem Dom eine traurige Ruine geworden. Marlon schüttelte sich bei diesem Gedanken.

»Für Hermann muss es doch schrecklich hier gewesen sein«, überlegte Valerie. »In seiner Zeit ist der Dom noch im Bau. Es gibt nicht einmal Türme. Und nun musste er sehen, wie prächtig und schön der Dom über die Jahrhunderte hinweg geworden ist, trotz aller Schwierigkeiten.«

»Und so prächtig und schön soll er auch bleiben!«, bekräftigte Marlon.

Sie verließen den Domladen und verschlossen sorgfältig die Türe von außen. Dann machten auch sie sich mit ihren Fahrrädern auf den Heimweg. Sie brauchten diesmal viel länger als auf dem Hinweg, denn sie waren müde und die Beine taten ihnen weh von der Jagd den Turm hinauf. Sylvie hing wie ein schwerer nasser Sack auf Marlons Gepäckträger.

Die Vögel begannen schon singend den Morgen zu begrüßen, als sie zu Hause ankamen. Leise schlichen sie sich durch den Flur. Aus dem Schlafzimmer drangen immer noch Schnarchgeräusche.

»Gute Nacht«, murmelte Marlon und stolperte in sein Bett. Gerhard in seiner Zeit besuchen, dachte er, das wär's doch. Wir könnten tolle Abenteuer zusammen erleben! Aber erst mal musste er sich dringend von diesem Abenteuer erholen und schlafen. Die letzten Tage und vor allem die Nacht im Dom waren doch ziemlich aufregend gewesen.

Er hatte das Gefühl, es seien nur ein paar Minuten vergangen, als ihn jemand an der Schulter rüttelte. »Will schlafen«, murmelte er mit geschlossenen Augen.

»Was ist denn bloß los mit euch? Wollt ihr heute überhaupt nicht aufwachen?« Die Mutter stand neben seinem Bett und schaute kopfschüttelnd auf ihn herab. »Sylvie und Valerie haben auch bis eben geschlafen. Es ist fast Mittag!« Marlon rappelte sich mühsam auf und tappte ins Esszimmer. Die beiden Mädchen saßen schon am Tisch und kauten lustlos auf ihren Brötchen herum. Sylvie trug noch ihr rosa Nachthemd, das von grauen Schmutzflecken gesprenkelt war. Spuren ihres nächtlichen Ausflugs.

Auch Frau Wagner bemerkte die Flecken. »Wenn du schon im Nachthemd bei Tisch sitzen musst, Sylvie«, setzte sie an, »dann solltest du darauf achten ...« Sie wurde vom Klingeln des Telefons unterbrochen.

Nach ein paar Minuten kam sie aufgeregt ins Zimmer zurück. »Das war eben meine Kollegin. Stellt euch vor, man hat heute Morgen im Domladen Benzinkanister gefunden! Keiner weiß, wie sie dahin gekommen sind. Was da alles hätte passieren können! Ihr wisst doch, dass Benzin hoch brennbar ist und man keinesfalls mit Feuer in seine Nähe kommen darf, oder?«

»Ja, ja«, sagten Marlon, Sylvie und Valerie im Chor, »das wissen wir.«

Nach dem Frühstück machten sie sich auf zum Dom. Sie brauchten gar nicht darüber zu sprechen, es zog sie einfach dorthin. Sie mussten sich vergewissern, dass alles in Ordnung war. Dass sie die vergangene Nacht wirklich erlebt und nicht nur geträumt hatten.

Als sie sich dem Haupteingang näherten, öffnete sich das Petersportal und ein kleiner runder Mann mit lustig gekringelten grauen Haaren erschien.

»Herr Schröder!«, rief Valerie.

Der Küster lächelte sie freundlich an. »Hallo, Kinder, habt ihr schöne Ferien? Heute seid ihr ja in Begleitung einer jungen Dame.«

»Das ist unsere Cousine Sylvie«, sagte Marlon.

»Sind Sie schon aus dem Urlaub zurück?«, fragte Valerie.

Herr Schröder seufzte. »Ja, leider waren es nur ein paar Tage. Aber irgendwie freue ich mich auch wieder hier zu sein. Ich arbeite schon so lange hier, da gehören der Dom und ich einfach zusammen.«

»Wir freuen uns auch, dass Sie wieder da sind«, sagte Valerie aus tiefstem Herzen.

Die letzten Tage von Sylvies Besuch brachen an und sie vergingen wie im Flug. Komischerweise stritten sie überhaupt nicht mehr miteinander. Valerie spielte sogar mit Minimaus Hindernisspringen und fand es witzig, und Marlon brachte Sylvie bei, mit seinem Skateboard zu rollen, ohne sofort auf die Nase zu fallen.

Am Ende der Woche fuhr Frau Wagner die drei mit dem Auto zum Hauptbahnhof und lud sie vor dem Eingang ab, damit die Zwillinge ihre Cousine zum Zug bringen konnten. Marlon zog das rote Kofferungetüm bis zum Bahnsteig. Dann hieß es Abschied nehmen.

»Tschüs«, sagte Sylvie.

»Mach's gut«, sagte Marlon.

Valerie streichelte Minimaus, die ihr Schnuppernäschen mal wieder vorwitzig unter Sylvies Halstuch hervorstreckte.

»Gute Fahrt, Minimaus«, sagte sie.

Der ICE rollte in den Bahnhof ein. Die Zwillinge wuchteten gemeinsam den Koffer in den Waggon. Sylvie stieg mit ihren gezierten Trippelschritten ein und winkte noch einmal. Dann schlossen sich die Türen.

Endlich ist sie weg, wollte Marlon sagen. Aber komisch, er brachte den Satz nicht über die Lippen. Denn irgendwie war diese gemeinsame Woche und das gemeinsam bestandene Abenteuer schon toll gewesen. Und ohne Sylvie und Minimaus wäre alles anders verlaufen.

Auch Valerie sagte nichts. Stumm standen sie nebeneinander und winkten dem Zug nach, bis sich die roten Rücklichter in der Ferne verloren.

Die Geschichte des Kölner Doms im Überblick

Sicherlich hat es Neid und Intrigen, wie leider überall, auch während des Kölner Dombaus gegeben. Die Geschichte um Hermann ist aber für dieses Buch erfunden worden. Alle anderen geschichtlichen Ereignisse sind wirklich passiert. Hier noch einmal das Wichtigste im Überblick:

870 Der Alte Dom wird geweiht

1161 Kaiser Barbarossa belagert die Stadt Mailand. In einem Mailänder Nonnenkloster werden die Gebeine der Heiligen Drei Könige aufbewahrt. Nach seinem Sieg über Mailand nimmt Barbarossa die Gebeine als Kriegsbeute an sich und übergibt sie dem Erzbischof Rainald von Dassel.

1164 Rainald von Dassel bringt die Gebeine der Heiligen Drei Könige in den Kölner Dom, der sich von nun an zu einer bedeutenden Wallfahrtskirche entwickelt.

1248 Gerhard von Ryle wird zum ersten Dombaumeister von Köln ernannt. Bis etwa 1260 baut er an der neuen Kirche in gotischem Stil, die zu Ehren der Heiligen Drei Könige errichtet werden soll. Als man mit Feuer Teile des Alten Doms abreißen will, brennen in einer Sturmnacht versehentlich auch Teile des restlichen Baus nieder. Am 15. August 1248 findet die Grundsteinlegung für den neuen gotischen Dom statt.

1322 Der Chorraum ist fertig und wird feierlich einge-
weiht.

1530 Ungefähr zu dieser Zeit werden nach über 200 Jahren
Bautätigkeit die Arbeiten eingestellt. Ein Stockwerk
des Kirchenschiffs und zwei Stockwerke des Südturms stehen, darüber wird ein provisorisches Dach
gelegt. Der Innenraum wird reich geschmückt.

1794 Die französischen Soldaten besetzen Köln und nutzen
den Dom als Lager, Pferdestall und Gefängnis. Erst
ab 1801 werden wieder Gottesdienste gefeiert. Die
Kölner entdecken ihre Liebe zum Dom neu. Bedeu-
tende Bürger der Stadt setzen sich für den Weiterbau ein.

1842 Die Grundsteinlegung zum Weiterbau erfolgt.

1880 Der Dombau inklusive der Türme ist abgeschlossen.
Am 15. Oktober wird die Vollendung des Doms gefeiert.

1942 Im Zweiten Weltkrieg wird der Dom zwischen 1942
und 1945 von 14 Fliegerbomben getroffen und schwer
beschädigt.

1975 Der Domschatz wird geraubt, die Täter später gefasst, doch Teile der Beute werden nie gefunden.

1998 Die Stadt feiert das 750-jährige Jubiläum des Doms.

2000 Am 21. Oktober wird die neue Schatzkammer eröff-
net, die sich an der Nordseite des Doms befindet.

.